為什麼北極沒有企鵝？

好冷好冷的知識生活大百科

培育文化　萬識通 05

好冷好冷的知識生活大百科：為什麼北極沒有企鵝？

編著　熊育林
責任編輯　許安遙
內文排版　王國卿
封面設計　姚恩涵

出版者　培育文化事業有限公司
信箱　yungjiuh@ms45.hinet.net
地址　新北市汐止區大同路3段194號9樓之1
電話　（02）8647-3663
傳真　（02）8674-3660
劃撥帳號　18669219
CVS代理　美璟文化有限公司
TEL／(02)27239968
FAX／(02)27239668

總經銷：永續圖書有限公司

永續圖書線上購物網
www.foreverbooks.com.tw

法律顧問　方圓法律事務所　涂成樞律師
出版日期　2018年02月

國家圖書館出版品預行編目資料

好冷好冷的知識生活大百科：為什麼北極沒有企鵝？
熊育林編著.-- 初版. -- 新北市：培育文化，
民107.02　面；　公分. -- （萬識通；05）
ISBN 978-986-95464-4-7(平裝)

1. 常識手冊

046　　　　　　　　　　　106023536

前言

　　生活中有些事物總是習慣性地被視為理所當然，只要仔細一思考，就會發現有那麼一點不符合常理。

　　比如說：為什麼漢朝分為「西漢」、「東漢」，宋朝卻分「北宋」、「南宋」？沒有「北漢」或「南漢」嗎？這麼分的原因是什麼呢？又或者，為什麼海水是藍的？不是綠的？大海的水又來自哪裡？是原本就有的嗎？

　　榕樹為什麼又叫「不死樹」？這種樹真的不會死嗎？棉花是花嗎？為什麼長得跟一般的花不一樣呢？北極和南極都是地球最冷的地方，為什麼只有南極有企鵝，而北極沒有？是環境條件不符合，還是人為因素造成北極企鵝無法生存？又或是北極企鵝跟南極企鵝根本就是不同種類的企鵝？

　　如果有人對你豎起大拇指，你覺得那是什麼意思？是讚美你？還是想搭便車？是表示數字嗎？什麼數字呢？難道，竟然是在罵人？

　　這些看起來習以為常的事，其實都有它的道理，當了解過後就會發現，原來身邊處處是學問，而且知道這些小知識後還能在生活中派上用場呢！冷知識的有趣之處就在這裡！

Part 2 花竟然喜歡喝啤酒？
——揭開植物的小祕密

CONTENTS

Part 3 古時候官員也可以退休嗎？
——看了就瞭的軍事 X 檔案

Part 4 為什麼北極沒有企鵝？
——現在才知道的地理大發現

Part 1

在德國買馬鈴薯還會送說明書？
──讓人大開眼界的世界文化

日本和服背後為何總是會背一個小包包？

我們都知道日本和服背後有一個小包包，這是為什麼呢？這個小包包有什麼作用？

日本婦女穿和服時，背部都會纏著一個看來像小背包的東西。其實，那不是小背包，日本人把它叫做「帶」。

用帶繫身可以顯出形體美，同時也是使和服更加多彩的裝飾。現今，和服已經成為日本文化的代表。

聖誕老人村在哪裡？

芬蘭流傳著一個故事，聖誕老人和兩萬頭馴鹿就住在「耳朵山」上，正是因為有「耳朵」，聖誕老人才能在北極聽到世界上所有孩子的心聲。

這種充滿感染力的想像獲得了世人認可，從此故事中的「耳朵山」就成了聖誕老人的故鄉。地圖上標有北

緯66°字樣的白色標線就是北極圈的緯度，而聖誕老人村就位於芬蘭拉普蘭地區羅瓦涅米以北八千公尺處的北極圈上。

每年都有源源不斷的遊客從世界各地湧向這裡，只求一睹聖誕老人的風采。在聖誕老人村的禮品店裡，遊客可以買到各種帶有芬蘭特色的精美禮品，還可以得到一張跨越北極圈的證書，聖誕老人郵局裡更是可以找到各種充滿童話色彩的郵票、賀卡和禮品等。所有從此處寄出的信件，也會特別蓋上北極聖誕老人郵局的郵戳。

此外，遊客還可以在郵局預訂一封由聖誕老人親筆簽名的信，等到耶誕節時寄到親朋好友手上，給他們意外的驚喜。

Trivia 03 什麼國家沒有紅綠燈？

大城市擁擠的交通、無數的紅綠燈往往讓人們頭痛不已，你知道有個國家完全沒有紅綠燈嗎？

那就是聖馬利諾共和國。聖馬利諾共和國是歐洲最古老的國家之一，風景秀麗，每逢旅行旺季，街市上人頭攢動，車子川流不息。聖馬利諾只有兩萬多人口，卻

擁有五萬輛車，按理說應該是擁擠不堪。

　　但實際上，在聖馬利諾行車，道路順暢，極少發生堵車現象，偶爾塞車也不必擔心，很快就會自動化解。尤其令人驚奇的是，在該國境內各種大小交叉路口完全看不到任何紅綠燈信號。不需要紅綠燈，交通卻依舊井然有序，這其中的奧妙就在於聖馬利諾的公路設計和交通管理十分科學。

　　該國的道路幾乎全是單行道或環行道，用路人如果不轉彎，一直開到底，就會不知不覺地返回原來的位置。並且在沒有交通燈號的交叉路口，駕駛人員都能夠自動自發遵守小路讓大路、支線讓主線的規則。各路口上都標有醒目的「停」字，凡經此匯入主幹道的汽車，都必須停車觀望等候，確認幹線無車時才能駛入。在聖馬利諾，遵守交通規則，已經形成習慣。

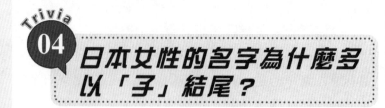

Trivia 04 日本女性的名字為什麼多以「子」結尾？

日本女性名字末尾常見「子」這個字，這是為什麼呢？

昭和時代以後，日本過半數的女子名字都是某某「子」。為什麼會有這種風俗呢？

因為平安時代（西元七九四至一一九二年）盛行陰陽五行學說，謂女性為「陰」。而「陰」又是「穴」，是四次元冥府，乃創造萬物的根源世界。而代表這個「陰」的方位就是「子」。

以時間觀念來講，「子」是一天的結束，也是一天的開始。也就是說，所有嶄新事物均來自此四次元世界，而「子」的中心存在正是女子。

所以，日本人為女孩取名多以「子」結尾。

法國國旗上的三色帶，寬度為什麼不一樣？

　　法國國旗分別是藍、白和紅色寬條，寬度比是33：30：37，這和早期法國革命時的巴黎市市旗比例一致。

　　這個劃分比例是有其道理的。

　　最初的法國國旗是按藍、白、紅三色同樣寬度的尺寸做成，後來發現，由於中間的白色較兩旁顏色明亮，使人產生一種錯覺，看上去總覺得紅色沒有藍色寬。

　　因此，為了消除這種錯覺，才把藍色縮窄，把紅色加寬，使其呈現在眼前時可以自然而勻稱，於是便有了今天的比例。

掉頭髮

　　「大夫，我老是掉頭髮，您說是怎麼回事？」

　　「一般情況，這是因為病人焦慮過度引起的。您說說看，目前您最煩惱什麼問題呢？」

　　「我最煩惱，我的頭髮掉的太厲害。」

Trivia 06 女人可以娶妻嗎?

誰說世界上只有男人娶妻,女人也是可以「娶妻」的!這個「天方夜譚」來自非洲。

蘇丹是非洲面積最大的國家。在該國南部的克雷亞地區,有一個以牧牛為生的努爾族,約有四十多萬人口,他們居住在一大片草原上。努爾族人至今保留著世界上絕無僅有的奇異風俗——女人「娶妻」。

「娶妻」時,全村男女老少興高采烈,在非洲特有的達姆鼓等打擊樂器伴奏下,縱情載歌載舞。家家戶戶殺羊宰牛熱鬧非凡,喜氣洋洋。這時打扮得花枝招展的「新人」們,身上均裹著鮮豔的婚服,頭上罩著絢麗的面紗,並且都是女人。她們分別側身坐(不是騎)在兩頭毛驢身上。毛驢披紅掛綠,頸脖上的鈴鐺清脆作響,一前一後在眾多親友的簇擁下,浩浩蕩蕩來到「新郎」家……

不過,並非所有女人都有資格「娶妻」。蘇丹的法律嚴格規定,必須有特殊原因,導致該女人成了家中唯一的倖存者,大家才可以把她當做「男人」,也才可以「娶妻」。這種「丈夫」除性別與男人不同外,在家中所承擔的責任和義務與真正的丈夫都是一樣的。並且她

「娶妻」也是為了繁衍後代，以便後繼有人。但是這種同性家庭該怎麼達到傳宗接代的目的呢？

　　原來這位「丈夫」必須邀請一位男性親屬與其妻子生兒育女。也就是說，她只是「名義上的丈夫」，而其妻所生子女都是「婚外情」的結晶。雖是「私生子」，但孩子們都會姓她的姓，並稱其為「爸爸」，以便讓後代名正言順地納入「父系」門庭之中，延續香火。而孩子們也會像尊重男性父親那樣尊重她，因為她是這個家庭的主宰。

Trivia 07 丹麥為什麼有兩首國歌？

　　丹麥有兩首國歌。一首叫做《國王克利斯》，歌詞寫作於一七七九年。這首國歌所反映出來的情緒，與一度身為軍事強國的丹麥歷史有關。另一首丹麥國歌，創作於丹麥戰敗並失去挪威之後的一八一九年。這首國歌叫做《這是一個美麗的國度》，幾乎是一首田園詩，是溫和而深情的民歌。現在這兩首國歌都是丹麥的法定國歌。

　　根據丹麥人對這兩首國歌的態度，大致可把他們劃分成兩個陣營──保守派和激進派。這兩個陣營都沒有

能力說服對方或壓制對方，因此丹麥乾脆就讓兩首國歌同時保留下來。

在不同的時間和不同的場合，演奏或歌唱不同的國歌就成了丹麥人表達自己愛國情緒的方式。而丹麥政府外交部，也在多年的國際活動中形成了一套約定俗成的方案，使丹麥能夠在不同的場合中，針對不同的對象和主題，挑選一首國歌演奏。

兩首國歌，各自表達丹麥人對國家兩種微妙的情緒，由於兩種情緒都沒有成為主流，所以只好以民主的方式在丹麥人的生活中交替出現。

Trivia 08 「拔牙者紀念日」是紀念拔牙的人嗎？

拔牙者紀念日並不是為了紀念拔牙的人喔。

每年的四月二十一日是巴西的拔牙者紀念日。拔牙者是巴西獨立運動的先驅，因擅長拔牙，大家都叫他「帝拉登特斯」，在葡萄牙語中，就是「拔牙者」的意思。一七八九年年初，「拔牙者」決定起義，後遭逮捕。在此後為期三年的審訊中，他堅持不屈，最終於一七九二

年四月二十一日慷慨就義。

　　「拔牙者」所領導的起義揭開了巴西獨立運動的序幕，「拔牙者」也因此成為民族英雄，被尊稱為「巴西獨立之父」。於是後來，巴西政府便將「拔牙者」壯烈犧牲的日期四月二十一日，定為假日。

Trivia 09 人類歷史上哪幾天是空白的？

　　人類歷史上有幾天是空白的，就是1582年10月5日至10月14日這10天，被認為是空白天，並不存在。

　　現在使用的西曆叫格里曆，是從儒略曆改進而來的。西元前46年羅馬統治者儒略・凱薩將陽曆作了一些修改，制定出儒略曆。

　　儒略曆將一年分為12個月，平年有365日；能被4除盡的年份為閏年，閏年366日。就這樣，儒略曆的歷年平均長度便是365.25日，與回歸年長度365.2422日相差0.0078日，每400年約差3日。正是因為儒略曆不夠精確，長年累計下來誤差了10日。

　　為了消除這個差數，教皇格里高利十三世聽從天文

學家的建議，決定把儒略曆1582年10月4日的下一天定為10月15日，中間消去10天，同時修改了儒略曆的置閏法則：能被4除盡的年份仍然為閏年，但每個世紀年（如：1600、1700年等），只有能被400除盡的才為閏年。就這樣，400年中只會有97個閏年，比原來減少3個，使曆年平均長度成為365.2425日，更接近回歸年的長度。

　　經過這樣修改的儒略曆就叫做格里曆。剛開始只在天主教國家使用，到了20世紀便為全世界普遍採用，又稱西曆。

Trivia 10　父親節是怎麼來的？

　　雖然各國訂立的父親節日期不盡相同，但我們都知道每年一定有一天是父親節，可是世界上第一個父親節是怎麼來的呢？

　　第一個父親節是在1910年誕生於美國的。1909年時，住在美國華盛頓州士波肯市的杜德夫人參加完教會所舉辦的母親節主日禮拜之後，心裡有了很深的感觸，為什麼就是沒有紀念父親的節日呢？

　　杜德夫人的母親在十三歲那一年去世，身後留下六

名子女，於是杜德夫人的父親威廉‧斯馬特先生，父兼母職撫養六名子女長大成人。

斯馬特先生參加過美國南北戰爭，功勳卓著，他在妻子過世後便不再續弦，全心帶大六名兒女。

經過幾十年的辛苦，兒女們終於長大成人，但是斯馬特先生卻因為經年累月過度勞累而病倒辭世了。

杜德夫人將她的感受告訴教會的瑞馬士牧師，她希望可以設立一個特別的日子，向父親致敬，並以此紀念全天下偉大的父親。

瑞馬士牧師聽了斯馬特先生的故事後，深深地為斯馬特先生的精神與愛心所感動，也很支持杜德夫人。

於是杜德夫人在1910年春天開始推動成立父親節的運動，士波肯市市長與華盛頓州州長也公開表示贊成，於是美國華盛頓州便在1910年6月19日舉行了全世界第一次的父親節慶祝大會。

領帶是誰發明的？

在現代社會中，男士穿西服的時候都會打領帶，那你知道領帶是誰發明的嗎？

17世紀時，有一支南斯拉夫的騎兵部隊來到法國巴黎。那些騎兵身著威武的軍裝制服，脖子上繫著一根細布條，騎在馬上顯得威風凜凜，十分有精神。於是巴黎部分愛趕時髦的紈褲子弟也開始模仿騎兵的打扮，在自己的衣領上繫一根布條。這根布條後來就演變成了領帶。

關於領帶的由來還有另一種說法。

同樣在17世紀時，法國國王路易十四對奧地利哈布斯堡發起「帕拉提內特之戰」。當時，奧軍士兵的脖子上都佩戴著一塊白布圍巾作為標誌，據說看到這種標誌能夠喚起士兵的鬥志。後來路易十四也如法炮製了一條，在宮中上朝理政時都佩戴著它。

這種裝飾很快就在皇宮裡流行開來，並擴展到法軍部隊中，成了貴族和軍隊專用的裝飾品。很快地，這種裝飾品在一般市民之間也流行起來，而且增加了許多新花樣，不管領帶的形狀、用料和打結方法都發生了變化，逐漸演變成現在的領帶。

哪一個國家的女孩求婚，
男孩不能拒絕？

　　位於西非邊緣有一個由五十多個小島組成的國家，在這裡女人選擇她們的配偶時，通常會準備好用紅色棕櫚油所浸泡的魚，然後將魚送到心儀的男人面前，此時男人必須單膝跪地，為女人送上一顆鑽石戒指。

　　如果女人問男人是否願意和她結婚，這時男人不能說「不」。

　　這裡的男人年輕時會特別關心自己的體形，必須學會跳舞，還要學寫詩，這一切都是為了吸引女人的注意。

　　由女人選擇男人的婚姻似乎穩定得多，這裡幾乎沒有離婚。

　　而當男人們等到自己的準新娘之後，就會動身到蛋殼一樣潔白的沙灘上尋找材料來搭建他們的新居。

「綠帽子節」是怎麼回事？

　　中國人不喜歡戴「綠帽子」，可是有一個地方竟然要過「綠帽子節」。這是為什麼呢？每年的3月17日是西方的聖派翠克節，也叫「綠帽子節」。

　　這個節日在5世紀末期時起源於愛爾蘭，美國從1737年3月17日開始，也會慶祝這個節日。這一天，人們會舉辦遊行、教堂禮拜和聚餐等活動。在美國的愛爾蘭人則會佩戴三葉苜蓿，並用愛爾蘭的國旗顏色——綠黃兩色裝飾屋子，同時身穿綠色衣服，頭戴各式各樣的綠帽子，向賓客贈送三葉苜蓿飾物。

你聽說過「金槍魚折騰節」嗎？

　　金槍魚折騰節（Tuna Tossing Festival）是澳大利亞的一個奇特節日，艾爾半島的林肯港每到1月26日，人們

就會把捕獲到最大的金槍魚拿出來玩耍。

這個節日開始於1962年，金槍魚是澳大利亞最大的城市產業，金槍魚罐頭原產地也在這裡。1998年，奧林匹克鍊球運動員肖恩‧卡林，曾經將一隻金槍魚足足投出37.23公尺遠。這天果然就是「折騰」金槍魚的節日。

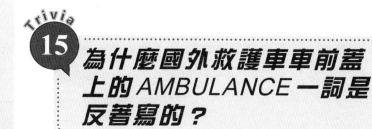

Trivia 15
為什麼國外救護車車前蓋上的AMBULANCE一詞是反著寫的？

國外救護車車前蓋上的AMBULANCE一詞是反著寫的，這點其實是國外急救系統中非常細心的表現。

雖然從正面看是反著的，但是開在前方的車子從後視鏡看就是正的了。

所以這是為了方便前車識別及避讓所做的設計。

既然有母親節，那有沒有婆婆節呢？

據說在中國大陸的潮州地區每到正月初十這天就會過婆婆節，這一天裡婆媳相聚，和睦相處，互敬互愛。媳婦們會為婆婆做好菜，添新衣，敬祝婆婆健康長壽。

美國的勞動節代表著什麼意義？

如果你問美國人勞動節意味著什麼？得到的回答多半是這樣：那是個代表夏季即將結束、秋天即將到來的短暫假期。

孩子們將這個節日視為上學前最後一個開心的假日，某些體育盛事也把這天當做開賽的標誌。

人們可以在這天聚餐，在自家院子草坪上架起烤爐，親戚朋友們邊吃邊聊；還可以把平時懶得打理的車庫好

好清理一下，將用不著的家當擺在院子裡低價出售——
這也算是社區聚會聊天的好機會。

美國勞動節是每年九月的第一個星期一。

一八九四年六月，美國第二十四任總統格羅弗・克利
夫蘭在敦促國會將勞動節定為國家節日時，還特意選擇
了九月這個時間，而非選在很多國家所習慣的「五一國
際勞動節」。

Trivia 18 日本人會因為血型而解雇一個人嗎？

在日本，人們經常會問一個問題：「你是什麼血型
的？」這並不是一個簡單而隨意的話題，從相親到找工
作，日本人都會參考血型。

日本人對血型決定性格的論調非常支持，幾乎到了
迷信的程度。

儘管有很多科學研究指出血型並不能決定什麼，但
很多日本人仍然相信血型能說明一切。如今，在日本社
會生活中你會發現血型因素無處不在，日本人甚至可能
因為血型而解雇一個人。

Trivia 19 在德國買馬鈴薯還會送說明書嗎？

德國歷史上不乏有韜略的政治家、善於思辨的哲學家、才華橫溢的藝術家，更不乏奉制度為圭臬、生性守時守法、尊重權威的平民百姓。

約束這些百姓的不僅是法律，更是一種民族的自覺性。

你知道德國人嚴謹到什麼程度嗎？去過德國的人可能會有這樣的經歷：就連去市場買馬鈴薯都會發現馬鈴薯全都用紙袋子包著，而賣菜的人甚至會在裡面塞一張說明書，告訴你馬鈴薯該怎麼煮、怎麼炸等。

哈哈笑

專業對口

經理對老闆說：「吉恩斯這傢夥簡直不可救藥！他整天打瞌睡，我都給他換了三個工作部門了，可他仍然惡習不改。」

「讓他去賣睡衣吧。在他身上掛一塊廣告牌：優質睡衣，當場示範。」老闆說。

Trivia 20 世界上有沒有醜八怪專用的相親網？

相親的時候，大家都會把自己修飾得很完美，可是你知道嗎？在英國有個名為「醜蟲舞會」的網站，必須根據申請者提供的近照，先確保申請者「素質」後才批准會員資格。並且杜絕俊男美女註冊成為會員。

Trivia 21 世界上真的有「女兒國」嗎？

據說在瑞典有一個只推崇姐妹之愛，不准男性介入的地方，那就是沙科保市。該市住了兩萬五千名來自歐洲各地的女子。該城嚴禁男性越雷池一步，任何男性若想進入這座女人城，就會被女警打個半死。

沙科保市的市民主要從事木工業，因此大部分女子都會在腰部綁一條粗皮帶，皮帶上裝滿各種木工器具。

也有些女子是到臨近城市工作，下班後才返回沙科保市。沙科保的旅遊業興旺，旅館和餐廳林立，都是為了接待來自世界各地的女子。

不過，這個故事似乎是個都市傳奇。因為有人到當地去求證之後，確定這只是一個網路謠言，不足以採信。

Trivia 22 俄羅斯婚禮上為什麼會有人「叫苦連天」？

在俄羅斯，婚宴上總是會有人大喊：「苦啊！苦啊！」每當有人帶頭喊苦時，在場的所有人就會齊聲附和，這時新人便會站起來，當眾深情地一吻。沒過幾分鐘，又會有人大聲叫「苦」，新郎新娘便又要站起來，再次用甜蜜的吻平息親友們的叫「苦」聲。

這個儀式在婚宴上至少要重複十幾次，親友們才肯善罷干休。原來按照俄羅斯人的說法，酒是苦的，不好喝，應該用新人的吻把它變甜。

Trivia 23 世界上真的有吸血鬼嗎？

西洋媒體中有著大量關於吸血鬼的文學和影視作品，故事中的吸血鬼多半被描繪成嗜血、吸取血液的怪物，是西方世界中著名的魔怪。之所以稱之為魔怪，乃是因為這種生物處於一個尷尬的地位：既不是神，也不是魔鬼，更不是人。

按照醫學的解釋，這其實是一種叫做「紫質症」的疾病。在最嚴重的紫質症患者體內，紫質會蠶食聚集區域附近的組織和肌體，導致面部器官腐蝕，並出現種種怪異或讓人聯想起吸血鬼的舉止。

紫質是一種光敏色素，大多數紫質在黑暗中呈良性，不會對身體造成什麼危害。一旦接觸陽光，就會轉化為危險的毒素，吞噬肌肉和組織。因此，紫質症患者就像傳說中的吸血鬼那樣，只能生活在黑暗世界裡，不能見光。

絕大多數紫質症患者都伴有嚴重的貧血，他們身體中的紫質會影響造血功能，破壞血紅素的生成。通常，紫質症患者的身體上還會帶有大片色素沉澱，並且往往呈現紫色。由於毒素的作用，紫質症患者的耳朵和鼻子都會被腐蝕，皮膚上也佈滿疤痕，使他們看上去格外蒼老。

在歐洲的傳說中，常常都會將長生不死的人描述成

這個樣子。以訛傳訛之後，就有了「吸血鬼有不死之身」的說法。

24 日本國名跟中國有關嗎？

日本最初是叫什麼名字？它一開始就是一個國家嗎？日本這個名字是怎麼來的呢？日本的國名最早出現在七世紀，在此之前，日本便以大和朝廷代表國家，稱「大和國」，但國際上一直採用的是當時中國對日本的稱號——倭國。

西元607年，日本派小野妹子為遣隋使。小野妹子向隋朝呈遞的國書中寫：「日出處天子致書日沒處天子」。此後，日本便力圖改變臣服於中國的地位，致力爭取與中國的平等關係。隨著國力的發展，更提出正式確定國名的議題。

大化革新後，日本仿效唐制，建立了封建中央集權制國家，並為了提高國際地位，決定改用新的國名，以導正原來不雅的稱呼。於是從致隋國書的「日出處天子」得到靈感，從西元六七○年開始便以「日本」為國名，意為太陽升起的地方。

25 蔥除了吃以外還有其他用途嗎？

蔥在東亞國家以及各處華人地區是很普遍的調味品或蔬菜，在烹調中佔有重要地位。但在其他地區，蔥其實還有更為重要的用途。

在埃及農村，很多農民把蔥當作真理的標記。他們在爭論和訴訟時，便會手拿一根蔥，高高舉起，表示真理在手，並以此發誓。

26 哪些國家禁止離婚？

有些國家是禁止離婚的。愛爾蘭就是全世界結婚率最低的國家，因為身為一個信奉天主教的國度，這裡禁止離婚，因而適齡男女大都選擇觀望，遲遲不願去辦理結婚登記手續，造成不婚和晚婚。

另外，還有菲律賓、馬爾他、巴拉圭、安道爾和聖

馬利諾也都禁止離婚。阿根廷原本也不允許離婚，但後來最高法院宣佈分居夫婦有權再婚，就等於暗示離婚是合法的了。

Trivia 27 美國總統也有自己的節日嗎？

　　在美國當總統，也有專門的節日能過嗎？

　　說起美國的總統日，人們都會想到美國歷史上兩位偉大的總統——喬治·華盛頓和亞伯拉罕·林肯。他們不但是最受美國人尊敬和愛戴的兩位總統，而且剛好都出生在二月。

　　於是美國的總統日便定在每年二月的第三個星期一，與陣亡將士紀念日、感恩節等享有同等地位。

金氏世界紀錄中的「金氏」指什麼？

金氏世界紀錄中的「金氏」指的是金氏啤酒廠。啤酒廠成立於一八八二年，總部設於都柏林，後遷往倫敦。這裡所生產的黑啤酒享譽世界。一九五五年，金氏啤酒廠的子公司——世界之有限公司出版了名為《金氏世界紀錄大全》的書。這本書後來聲名大噪，知名度遠遠超過金氏啤酒。

《金氏世界紀錄大全》自一九五四年九月開始編撰，一九五五年出版發行第一版（約十五萬冊）。

從那時開始至一九九〇年止，發行量累計達到了六千五百多萬冊，厚度相當於一百六十八座珠穆朗瑪峰。此後《金氏世界紀錄大全》自一九九六年起更以三十七種文字出版四十個版本，在世界各國發行。

這本書引人入勝，極具知識性、啟發性和指導性，囊括了各式各樣的世界之最，正是這些特色使得金氏世界紀錄成為世界上最著名的圖書之一。

Trivia 29 有人搬家會連房子一起搬嗎？

　　根據美國政府的統計，美國一年有17%左右的人會搬家。而所有搬家的人當中，約60%是就地遷居，其餘的是搬往外地。

　　在美國經常能見到搬家會連房子一起搬。這種情景大多出現在低收入家庭，因為他們的房子是沒有地基的。和我們一樣，美國也有搬家公司。你可以在家裡把行李打包好，然後讓搬家公司搬，但是費用很高，而且有時間限制，超過三小時就得另外收費。

　　因此，大多數人都是租車自己搬。基本上只要有一般駕照就可以到車行租一輛搬家卡車。只要自己從車行開走，然後在指定時間還到指定的地點就行了。

　　其實不只是窮人家的木質結構房屋可以整體搬遷，就連稍好些的磚石結構房屋也是有可能整體搬遷的。

Trivia
30 哪個民族以肥胖為美？

　　摩爾人是典型的遊牧民族，他們生活在撒哈拉沙漠較為平坦的空曠地帶，所以他們的婚禮也明顯反映出沙漠上特有的粗獷氣息，從該國充滿趣味的婚禮儀式便可窺見其文化特色。長期以來，摩爾人沿襲著一項傳統，就是女兒的婚事由母親決定，父親不得干預。哪位小夥子若是相中某位姑娘，其母親便會帶著禮物去向姑娘的母親提親。姑娘的母親若表示同意，婚事當場便確定下來，並商定舉行婚禮的具體日期。

　　在摩爾人眼裡，衡量新娘是否美麗，並不是長相和身高，也不是首飾和衣著，而是姑娘身體各個部位的肌肉是否發達。哪位姑娘腰身粗、脖子短、臀部突出、乳房高聳，她便是公認的美人。娶到這樣的姑娘，不僅新郎感到自豪，家人更覺得是莫大的榮耀，同族也感到臉上有光。

　　瘦高的男人總是渴望娶一個肥胖的妻子。在他們看來，肥胖的妻子是財富的象徵。若是哪位小夥子娶了一位肥胖超群的妻子，這家的婚禮必定異常隆重，許多人都會不辭辛勞地趕來賀喜，一睹新娘子的風采。

　　為了讓自己的女兒成為光宗耀祖的「新嫁娘」，做

母親的總是競相研究肥胖之道。富貴人家的女孩子，從
七八歲開始，便由父母給予致肥訓練。每日由女僕將油
脂抹在女孩身上，並且喝羊奶，吃含有豐富脂肪的食物，
從不參加戶外勞動或做劇烈運動。

Trivia
31 印度婦女額上的紅印代表
什麼？

　　我們在印度電影、電視劇裡，經常會看到一些婦女
額上點有紅印。在額上點紅印是印度教的習俗，並非為
了美觀，而是有一定含義的：一是表示這個婦女已婚；
二是表示她丈夫健在；三是表示她的家庭平安吉祥。

　　點紅印的時間就在結婚當天，由丈夫用朱砂粉在妻
子的額頭上按一個圓點。從此，只要丈夫還健在，妻子
每天都要自己在額上點紅印。

在哪個國家不能把梳子當禮物？

　　我們送人禮物可以贈送梳子，但在有些國家送梳子卻是大忌。比如在日本，梳子就不能當作禮物送人。若有人不慎將梳子掉在街上，也絕不會有人撿。

　　就連在飯店裡，也很少會擺梳子供住宿者使用。這是因為在日文中，梳子的發音和「苦死」近似，送人梳子等於送人苦吃。撿到梳子也就等於自討苦吃。

三藩市就是舊金山，那麼有新金山嗎？

　　三藩市的得名，來自於方濟會創始人聖法蘭西斯科。十九世紀時這裡是美國淘金熱的中心地區，早期華人勞工移居美國之後，多居住於此，並稱之為「金山」。

　　直到在澳大利亞的墨爾本發現金礦後，為了與被稱

作「新金山」的墨爾本區別，人們才改稱這裡為「舊金山」，所以世界上有兩個「金山」。

34 在哪個地方老鼠是神聖的？

有句話說「過街老鼠，人人喊打」，但也有人是喜歡老鼠的。

在印度拉賈斯坦邦地區的人就認為老鼠是印度教的神，是神聖加尼西的使者，負責掌管人間「繁榮和成功」。因此他們把老鼠當成神聖物崇拜愛護，嚴禁捕捉。

Trivia 35 你聽過禁止單獨吃飯的法令嗎？

　　歐洲中世紀（西元五～十六世紀）的飲食習慣、烹調方法和餐桌禮儀被稱為中世紀飲食文化。

　　這套飲食文化留傳近千年，涵蓋嚴寒的北歐和酷熱的地中海，屢經轉變更替之後，成為今日歐洲菜系的基礎。隨著歐洲文明的擴張，其影響見諸世界各地。

　　歐洲貴族飲食講究排場，不但有專人傳菜，還要奏樂以增加氣氛。中世紀歐洲人認為獨自吃飯有失禮儀，當時的歐洲人把吃飯當成一種群體活動。不論是兄弟姊妹或在家幫傭的傭人，都應該一同進食。

　　十三世紀時，英國林肯郡主教羅伯特・格羅塞特就曾建議英王頒令禁止人們離開會堂進食，亦不得在私人房間內吃飯，否則就是對地主和女士不敬。

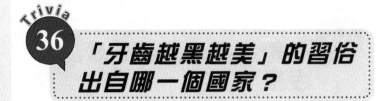

Trivia
36
「牙齒越黑越美」的習俗
出自哪一個國家？

　　現在很多人都喜歡美白牙齒，認為潔白的牙齒才是美麗的標誌。但是，竟然有人以黑色的牙齒為美。

　　在越南就有染齒的習俗，無論是城市還是鄉村，許多婦女都把牙齒染得烏黑發亮。保持白色牙齒的人，就會受到大家恥笑以及社會輿論的譴責。

　　就連民歌中也有「白齒像呆齒」的歌詞。人們認為美貌女子的牙齒必須是黑齒。

　　因此，許多女子寧可忍受痛苦也要將牙齒染得烏黑發亮。

　　染齒期間不能咀嚼硬食物，半個月內更是忌食米飯，只能吃粥等流質食物。

Trivia 37 哪個國家的未婚女人規定剃光頭？

　　擁有一頭烏黑直順的長髮是許多女孩子的憧憬，但是你知道嗎？在某些地方，未婚女子是不能留頭髮的。

　　緬甸南部的那加族少女個個都剃著光頭，因為按照當地習俗，未婚女子絕對禁止留頭髮，只有成婚之後，才可以蓄起長髮。

我有罪

　　有一個人對神父說：神父，我有罪。

　　神父說：孩子，每個人都有罪。你犯了什麼錯？

　　那人回答：神父，我偷了別人一條牛，我該怎麼辦？神父，我把牛送給你好不好？

　　神父回答：我不要，你應該把那頭牛送還給那位失主才對。

　　那人說：但是他說他不要。

　　神父說：那你就自己收下吧！

　　結果，當天晚上神父回到家後，發現他的牛不見了。

Trivia 38 買針也有禁忌嗎？

在埃及，從下午三點開始到五點為止，任何人無論花多少錢也別想買到針。因為他們有一個傳說：仙人曾在某天下午三時至五時下凡，向人間賞賜。

越富的人得到的賞賜越多，最貧窮的人則得到的最少。因為當地人認為賣針的人家是最貧窮的，為了多多得到賞賜，所以在這個時候，誰也不賣針。

Trivia 39 哪個地方的水不能隨便喝？

你聽說過看到標誌才能喝水的風俗嗎？在侗族等少數民族地區，飲水的時候先要看看水邊是否有用草扭成耳朵形狀的標誌。如果有，表示這股泉水可以放心飲用。

那兒的人們為了方便飲水者鑑別泉水是否能喝，就在泉邊放上這種草製的標誌。如果飲水的人發現標誌已經乾枯，就會主動做好新草標放在那裡。

Trivia
40　**端午節有什麼禁忌？**

　　每年的農曆五月初五是傳統的端午節。民間認為這一天不吉利，所以有「躲午」的習俗。

　　周歲以內的嬰兒要送到外婆家去躲藏；家家都要在門旁插艾草以趨吉避凶；小孩身上要佩戴棉布縫製的香包。並且這些東西都要要小心保護，不能丟失，否則年內將有災難。

　　躲過端午之後，就要將所佩戴的東西扔到水裡，以祛除災禍。

Trivia
41　**生日歌最初是用來慶祝生日的嗎？**

　　生日歌最初其實不是用來慶祝生日的。有一對姐妹，一個叫瑪德里德・希爾，一個叫柏蒂・希爾，她們是路易思維爾市的肯德基實驗幼稚園教師。姐妹倆一起為兒童

們譜了一首歌，歌名為《大家早》。

一八九三年，姐妹倆發表一部歌曲集，名為《幼稚園的故事》。三十一年後，柏蒂·希爾出任哥倫比亞大學師範學院幼兒教育系的系主任時，一位名叫羅伯特·H·科爾曼的男士，未經姐妹倆的允許，私自出版了《大家早》這首歌，並在後面加上一段歌詞，就成為現今大家所熟悉的《祝你生日快樂》。

演變到最終，原創者的第一段歌詞消失了。《祝你生日快樂》完全取代了原來的歌曲。

瑪德里德在一九一六年逝世後，柏蒂與另一位妹妹潔西卡出面將科爾曼告上法庭。在法庭上，她們證明了自己擁有這首曲調的版權，從此這首歌曲的法定版權就屬於希爾姐妹了。

這就是生日快樂歌的由來。

裸體畫

一位夫人到畫商那裡去，想買一幅人物畫，她挑來挑去，總是不滿意，她對畫商說：「畫家畫的女人，為什麼都是裸體的？」

畫商說：「穿了衣服就不方便了，因為過了幾個月，這服裝款式可能就不流行了。」

V形手勢是怎麼來的？

　　我們都知道手勢V代表成功，這是怎麼來的呢？據說，伸出兩根手指致意起源於英法百年戰爭。法國人揚言要砍掉所有英國人射箭的手指頭，結果最後英國大勝，因此擺出手指來炫耀己方的勝利。

　　除了表示勝利之外，V字在有些國家還有其特定的意思，如：在荷蘭文中V代表自由；在塞爾維亞語裡則表示英雄氣概。

哪個國家的丈夫一定要會劈柴？

　　如果你參加俄羅斯人的婚禮，看到新郎在婚禮上舉起明晃晃的斧頭時，千萬不要大驚小怪。

　　這絕不是什麼不祥之兆，而是他們正按照古老風俗舉行著傳統的劈木柴儀式。那裡的人認為，新郎是否會劈木柴，表示著他能否持家。

　　婚禮上，新郎必須舉起斧頭，把樹段劈成一塊塊木柴，並在爐心裡點燃，此時大家就會讚美姑娘找到一位好新郎，人們也會祝願新郎新娘的愛情之火就像爐火一樣越燒越旺。

哪個國家禁止下象棋？

象棋是一個很有趣的活動。可是有些國家卻禁止下象棋。沙烏地阿拉伯就嚴令禁止人們下象棋。因為他們認為，象棋裡的車、馬、象甚至小卒都可以進攻國王和王宮，所以下棋就等於鼓勵臣下弒君，是犯上作亂的行為。

所以，在沙烏地阿拉伯，任何人都不得下象棋。

農夫求醫

一位吝嗇出了名的農夫請醫生幫他的妻子看病。

「人家說你十分吝嗇。」醫生說：「我一定拿得到診療費嗎？」

「不管你治好或治死她，你都可以不必打官司便可以拿到錢。」農夫說。

醫生便悉心醫治，但婦人還是死了，醫生要求農夫付診費。

「你治好了她嗎？」農夫問。

「沒有。」醫生承認。

「那你把她治死了？」農夫又質問。

「當然沒有！」醫生怒氣衝衝地說。

那麼，我就不欠你分文。」農夫於是說。

哪個國家忌諱用左手？

大部分人都是右撇子，習慣用右手，但並不忌諱用左手。

但是在一些地方，人們是忌諱用左手的。例如：馬來西亞人認為左手是不清潔的，因此忌諱用左手，所以與人握手，更是不能用左手。

在用餐之前也必須把手洗乾淨，儘管如此，在用手拿取食物之前，仍要出於禮貌把手放在水中沾濕，並且取食時也絕對禁用左手，只有當右手拿著食物時才可以用左手去取湯匙或拿杯盤，並且必須說一聲「請原諒」。

就連收授禮品也禁用左手，否則會非常失禮。

哈哈笑

打　劫

深夜兩點，一條寂靜如死的街道盡頭。

「對不起，你也許能告訴我這兒是否有警察？」

「不，這兒沒警察。」「那麼，是否能在附近很快找到一位警察？」

「我想不會有警察。」「好了，那麼請您把手錶和錢都給我。」

麵團和退婚有什麼關係？

退婚的理由有很多，但是你聽過麵團不發酵也可以構成退婚的理由嗎？

在巴基斯坦的某些地方流行一種古老的傳統，就是將過門的新娘，必須親手為全家人揉一個麵團，這麵團要大到可以做出二十公斤重的大麵包。

如果這個麵團發酵不起來，男方可以理直氣壯地退婚。

豎大拇指有哪些含義？

豎起大拇指，對於中國人是具有積極意義的，表示敬佩或誇獎別人的意思。但在其他國家或地區，含義就可能不同了。

在美國和歐洲部分地區，豎起大拇指表示要搭便車；在德國表示數字「1」；在日本表示「5」；而在希臘，豎大拇指卻是讓對方滾蛋的意思。因此與希臘人交往時，

千萬不要豎起大拇指以稱讚對方,那樣一定會鬧出笑話,甚至產生不愉快。

你會擁抱嗎?

　　在西方,特別是歐美國家,擁抱禮是十分常見的見面禮和道別禮,在人們表示慰問、祝賀、欣喜時,擁抱禮也十分常用。

　　正規的擁抱禮,講究兩人正面對立,各自舉起右臂,將右手搭在對方左肩後面,左手扶住對方右腰後側。

　　首先各向對方左側擁抱,然後轉向對方右側擁抱,最後再一次轉向對方左側擁抱,一共擁抱3次。

　　若是普通場合則不必這麼講究,擁抱一次、兩次或三次都行。

送禮的禁忌有哪些？

　　禮物一般應當面贈送，但如果參加婚禮，也可事先送去。禮賀節日、贈送年禮，如果是派人送上門或郵寄，應隨禮品附上送禮人的名片；也可手寫賀詞，裝在信封中，信封上註明受禮人的姓名，貼在禮品外包裝的上方。

　　送禮給關係密切的人不宜在公開場合進行，以避免讓公眾留下你們關係密切完全是由物質支撐的感覺。只有禮輕情義重的特殊禮物、表達特殊情感的禮物，才適宜在大庭廣眾下贈送。因為這時公眾已變成你們真摯感情的見證人，比如：一本特別的書、一份特別的紀念品等。

　　不要在臨別告辭時送禮，或者一聲不響地把禮物放在門口或房間角落一走了之。且禮品上的標籤、價格應該取下，因為如果價格過高，會令其他人不悅，若價格過低，則顯得自己寒酸。此外，散裝或簡裝的禮品也不能拿來送人。

Trivia 50 握手有什麼講究嗎？

　　為了在遇到他人時，塑造一個成熟得體的個人形象，每個人都應該懂得握手該怎麼握才叫適當。

　　握手這個動作的本意，是向對方展示友好態度，握手最重要的意義在於營造良好的氣氛，為自己樹立良好形象。任何一方都不應有凌駕於另一方的威勢，這樣才能表達彼此之間的尊重。

　　此外，面部的表情也不能過分冷淡。在握手時應當面露微笑，凝視對方的雙眼，如此才可以充分地將你的友好與熱情傳達給對方。

　　儘管有人相信握手之中有強勢弱勢、支配與控制之分，但在社會交往中應當遵循握手的本質，輕鬆地進行溝通。為免失禮，人們應注意握手的力度。在握手時，既不能蜻蜓點水似的應付對方，也不能緊握對方雙手長久不動。這兩種方式在很多場合下，都容易引發尷尬和誤解。尤其是在異性之間，對於握手的掌控更應自然得體。雙方最佳的握手時間可限定為三到四秒，握一兩下即可。

Trivia
51
哪些顏色不能亂用？

　　各個不同國家、不同民族對顏色的象徵意義都有不同的理解，因此關於顏色的禁忌各不相同。

　　如：日本人忌諱綠色，他們認為綠色象徵不祥。巴西人忌諱紫色、黃色，他們認為紫色表示悲傷，黃色表示風險，這兩種顏色配在一起，一定會帶來災難。埃及人忌諱藍色和黃色，認為藍色是惡魔，黃色是不幸的象徵。

Trivia 52 交談中有哪些忌諱？

　　不同國家、不同民族受各自不同的文化傳統和宗教信仰的影響，形成了不同的交談禁忌。以下有些例子。

　　與日本人交談時，忌諱詢問對方的年齡、收入、婚姻等個人隱私，還忌諱談論對方身體胖瘦、個子高矮之類的話題。

　　與法國人交談時，忌諱別人過多地提及私事，尤其是涉及他人的私事和商業祕密的內容。談生意就是談生意，不要話家常。

　　與德國人交談時，忌諱談論涉及納粹、宗教與黨派之爭的話題。

　　與美國人交談時，最忌諱打探個人隱私。在美國，詢問他人的收入、年齡、婚戀、健康、籍貫、住址、種族等，都是很不禮貌的。

　　與加拿大人交談時，忌諱插嘴打斷對方的話題或是與對方爭執，還忌諱談論宗教問題和種族問題。

哪些圖案和動物是禁忌？

　　由於各個國家宗教信仰和圖騰都不同，對動物和圖案也產生了不同的禁忌。

　　如：美國人忌諱蝙蝠、黑貓這兩種動物，他們認為蝙蝠是兇神惡煞，黑貓會為人帶來厄運；法國人忌諱黑桃、仙鶴圖案，他們認為黑桃圖案不吉利，仙鶴圖案是蠢笨的象徵；捷克和斯洛伐克則忌諱紅三角這種圖案，他們認為紅三角是毒物的象徵；埃及人忌諱穿有星星圖案的服裝，也不喜歡有星星圖案包裝的禮品等。

關燈看電視健康嗎？

　　有些人晚上看電視或用電腦時，喜歡把房間裡的燈都關掉，只剩下螢幕所發出的亮光。

　　這樣是不對的，因為這時光線的對比度特別高，眼睛就特別容易感到疲勞。時間久了會影響視力，甚至損害眼睛。所以，晚上最好開著燈看電視。

印度哪一個節日裡，女人以打男人為樂？

　　每年有一天，印度婦女會頭裹紗巾，手持竹棍，威風凜凜地站在一起。這一天是印度北部地方的傳統節日胡里節（Holi，或譯棒打男人節），一場女人打男人的節目就要上演了。

　　每到這一天印度男子只能用盾牌護身，接受女人們如雨點般落下的棍子。為什麼女人在胡里節要打男人呢？這源自於一個傳說。印度南德岡的克利須那王到巴爾薩納時，曾在這裡愚弄過妻子及她的朋友，引起當地女士的不滿，於是每次見到克利須那王就會用鐵杖或大竹棍把他趕走。

　　這一天，男人不只要挨自己妻子的棍，街頭巷尾只要被婆婆媽媽遇見就會被打，女人們越打越起勁，男人們就越來越狼狽，一個盾牌不夠用，有的人只好多拿一個。不管打得多兇，雙方都不能記仇。

在離印度馬杜賴卡馬拉伊市四十六公里的佩拉于爾村有一種奇異的祭祀儀式：兒童會在父母的視線內被活埋整整一分鐘！

參加這一祭祀儀式的兒童會在沒有意識的情況下被放入預先準備好的臨時墓穴，用土完全掩埋一分鐘之後，再將他們挖出來。據說這是當地的傳統宗教習俗，是為了祭祀兩位能夠驅趕妖魔的女神。

令人稱奇的是，進行活埋儀式整個過程中，孩子的父母以及政府官員都在一旁神色從容地觀看。原來佩拉于爾村的村民為了讓心中的願望早日實現，總是爭先恐後地將自己的孩子送去參加活埋祭禮。

按照當地習俗，被埋的女孩必須是青春期以前的女童，男孩子則不被強求參加這種儀式，平均年齡從四歲到二十歲不等。

儀式開始時，父母會將一種植物的灰燼撒在孩子頭上，然後朝他們的面部和頭部噴灑一種薑黃水。一般來說，經過這兩道程序之後，多半孩子會失去知覺。如果還有知覺的話，就會失去被活埋的資格，其父母也將因此遭到罰款一千盧比。讓孩子失去知覺的目的是為了防

止他們在「墓穴」裡掙扎蠕動。

就這樣，動彈不得的孩子頭部被裹上一塊黃布，並送往廟宇前的掩埋地。孩子「入土」之後，地面上的家長們則紛紛剖開椰子祈禱許願。

整個儀式持續一分鐘之後，負責主持的祭司示意「墓穴」可以打開。隨即，孩子被挖了出來，頭上的黃布也被扯掉，由親屬們將孩子運走。

 哈哈笑

願望

業務代表、行政職員、經理一起走在路上去吃午餐，意外發現一個古董油燈。

他們摩擦油燈，一個精靈從一團煙霧中冒了出來。

精靈說：「我通常都給每個人三個願望，所以給你們每個人一人一個。」

「我先！我先！」職員搶著說，「我要到巴哈馬，開著遊艇，自在逍遙。」

噗！她消失了。

驚嚇之後，「換我！換我！」業務代表說：「我要在夏威夷，和女按摩師躺在沙灘上，還有喝不完的椰汁和生命之愛。」

噗！他消失了。

「好了？現在該你了？」精靈對經理說。

經理說：「我只希望他們兩個吃完午餐後回到辦公室。」

Trivia 57 **常伸懶腰有益健康？**

很多人認為，伸懶腰代表懶惰的象徵，這種說法根本就沒有科學根據，實際上伸懶腰對身體好處多多。

經常坐著工作或學習的人，長時間低頭彎腰趴在桌旁，身體得不到活動。

由於頸部向前彎曲，流入腦部的血液不暢通，而且時間持續過長，容易使大腦及內臟的活動受到限制，使得新鮮血液供不應求，身體產生的廢物無法及時排出，於是出現疲勞的現象。

尤其青少年及兒童的身體正處於發育階段，大腦和心肺尚未完全成熟，因此更容易感到疲勞。

伸懶腰的時候，一般都會伴隨著打哈欠，以及頭部向後仰，兩臂往上舉的動作。

這些動作有很多好處。首先，這時流入頭部的血液增多，使大腦得到比較充足的營養。

其次，上半身後仰時，胸腔會得到擴張，心、肺、胃等器官的功能同時得到改善，血液更加流通，不僅營養供應充足，身體廢棄物也能及時排除；再次，伸懶腰時的擴胸動作能夠幫助增加氧氣的吸取量，使體內的新陳代謝增強，有助於提高大腦和其他器官的工作效率，

減輕疲勞。

最後，伸懶腰還能使腰部肌肉得到活動，這樣一伸一縮地鍛鍊，使得腰部肌肉更加發達，防止脊椎向前彎曲形成駝背，對維持體型具有一定的作用。

因此，每工作一段時間之後，伸伸懶腰對身體是有好處的。

哈哈笑

運氣真好

一個騎自行車的人撞倒了一個行人。

「您的運氣真好啊！」騎車人安慰被撞的。

「你也不覺得不好意思！難道你沒看到，我的腿被你撞傷了嗎？」

「不管怎麼說，您的運氣真的不錯！今天我休假，不然我平時是開大卡車的。」

在哪個地方結婚，新郎必須要先挨揍？

　　在印度東部的比哈爾邦，每年都有成千上萬的單身漢被「劫持」，兩三個星期後便被迫成婚。為了逃避這種暴力婚姻，一些富家單身漢便雇來保鏢，在每年的結婚黃金期逃離居住的地方，而因為工做出不了遠門的男人，就連上班也要三五人結伴同行。

　　比哈爾邦是印度最貧困的地區之一，父母千方百計地送自己的兒子到別的地方謀生，女孩子卻不能離開，因此造成男女比例嚴重失衡，所以新郎通常都是搶來的。姑娘的父母親物色女婿的標準，以政府官員、醫生、教師、生意人最熱門。挑選好新郎後，新娘家便會派出五六個劫持者去搶。

　　一般而言，新郎都是在公共汽車和郊區的火車上，或是商場裡被劫持走的。劫持者看到「獵物」後，便先猛揍一頓，然後把他關在一間小屋裡，三四天內只給水喝，關進來的準新郎通常被鎖在牆上或床上。如果想偷偷逃跑或敢說「不願意」，就又得挨一頓揍，直到點頭同意這樁婚事為止。

Trivia 59 為什麼老是睡過頭？

　　很多人總是因為晚睡導致睡眠不足或者情緒低落，又或者因為睡眠品質不好的關係，很容易一不小心就「睡過頭」。

　　對於失眠患者來說，早晨按時起床真是個大難題。現代人睡過頭的頻率，從「智慧型鬧鐘」熱銷的情況就可見端倪。

　　為防止睡過頭，最好的解決方法就是養成良好的睡眠習慣：確保每晚在相同的時間上床，並保證睡眠充足。

　　如果能做到這兩點，你將會發現，無論有沒有鬧鐘，都能夠在正確的時間「睡到自然醒」。

哈哈笑

失 火

　　一位好萊塢影星的豪華別墅失火了。

　　「趕快通知電視臺、廣播電臺和所有的報社記者！」主人吩咐傭人。

　　「好吧！先生。那消防隊還要通知嗎？」傭人問。

傳說古代接生婆在孩子生下來之後，就直接在臍帶上打一個結，真的嗎？

　　傳說孩子出生後，接生婆會在臍帶上綁一個結。這是真的嗎？臍帶是所有哺乳類連接胎兒和胎盤的管狀結構，是由羊膜（胎盤的一部分）包裹著卵黃囊和尿膜的柄狀伸長部形成的。臍帶中通過尿膜的血管即臍動脈和臍靜脈，卵黃囊的血管即臍腸系膜動脈及臍腸系膜靜脈。所以臍帶的外觀看起來很粗，根本不可能打結。電視劇裡古代的接生婆接生完之後會用小刀或鋒利的燧石剪斷臍帶。而醫療條件發達的現代，經常是用塑膠夾子夾住臍帶，以切斷血液供應，然後用剪刀在夾子上方剪斷臍帶。

　　三天後再將夾子拿掉，殘留的臍帶便會逐漸乾枯壞死發生萎縮，並在出生後五～十天自行脫落。

Trivia 61 反覆燒開的水對身體好嗎？

　　燒開的水變冷之後又反覆燒開，這樣的水可能導致水內的硝酸鹽轉化為亞硝酸鹽，亞硝酸鹽對人體來說是一種很強的致癌物質，長期引用有損健康。然而這也是因為水體內部原來就含有硝酸鹽的關係，現代自來水廠的淨水設備，多半已經能夠把大部分的硝酸鹽和亞硝酸鹽過濾掉。因此關於「千滾水」是不是能夠飲用，人們其實不需要太過擔心。

哈哈笑

餵豬罰款

　　某縣一農民，天天餵豬吃冰水，結果被「動物保護協會」罰了一萬元，因為虐待動物。後來，農夫改餵豬吃天山雪蓮，結果又被「動物保護協會」罰了一萬元，因為浪費食物。

　　有一天，官員又來視察，問農民餵什麼給豬吃。

　　農民說：「我也不知道該餵什麼才好了，現在我每天給它一百塊錢，讓它自己出去吃。」

Part 2

花竟然喜歡喝啤酒？
——揭開植物的小祕密

Trivia
01 植物喜歡聽音樂嗎？

　　植物學家經過長期觀察和實驗發現，很多植物喜歡音樂，而且不同的植物喜歡的音樂也不同。

　　如：蔬菜和水果喜歡古典樂。假如每天讓正在生長的菠菜、蔥和番茄等聽幾個小時寧靜優美的古典樂，產量就會增加。

　　如果讓它們聽嘈雜刺耳的聲音，一段時間後，它們會停止生長，好像生病一樣。

　　由此得出結論：輕柔音樂可以促進植物細胞的新陳代謝，使它們的光合作用更加活躍，為其生長提供更多的能量；而喧鬧的聲音會擾亂植物正常的生理機能，導致其停止生長。

　　因此，我們可以利用這種特性來促進植物的生長。

樹會發燒嗎？

Trivia 02

　　我們都知道，人體若有發炎症狀時，就會發燒。那麼樹會發燒嗎？答案是樹木也會發燒。

　　樹木缺水時就會生病，此時樹的體溫也會因缺水而升高。如果採用精密儀器對樹的體溫進行測量，就會發現它是變化不定的，而且不同部位的體溫也不相同。最明顯的是樹葉的溫度變化。白天，樹葉主要靠蒸騰作用（或稱蒸散作用）來調節溫度。

　　當土壤裡的水分充足時，蒸騰作用較明顯，葉溫就會降低；當土壤裡的水分不足時，樹葉由於缺水，在陽光下不得不把氣孔閉合，以減弱蒸騰作用，此時葉溫就會升高。人生病的時候，總是晚間發燒較嚴重，到了早晨就會退燒。但是生病的樹木剛好相反，在早晨會燒得最厲害。

　　根據樹木發燒的現象，人類就可以像醫生一樣，從樹木的溫度來判斷哪片森林有病，並且及時採取有效的治療措施。

植物有血型嗎？

　　我們知道，人和動物都有血型。那麼，植物呢？

　　一九八三年，一名日本醫生研究了五百多種植物後發現，蘋果、蘿蔔、草莓、南瓜、西瓜等六十多種植物的血型屬於Ｏ型，羅漢松等二十多種植物的血型屬於Ｂ型，單葉楓等植物的血型屬於ＡＢ型。至於Ａ型血型的植物，直至目前還沒有發現。

　　用來分辨植物血型的物質──血型糖，不僅決定著植物的血型，而且還有儲藏能量、保護植物的作用。

　　不過，植物的血只是一種富含蛋白質、糖和樹膠等物質的紅色液體，並不像人類及動物的血液那樣，負有運輸養分、攜帶氧氣等複雜的生理機能。

哈哈笑

作偽證的結果

　　有一個在被掏空的公司當秘書的女子出庭作證。

　　法官嚴屬地問：「你知道作偽證會得到什麼結果嗎？」

　　「知道，老闆說給二百萬和一件貂皮大衣。」

為什麼樹幹都是圓柱形的？

　　自然界中的樹木種類繁多，形態也各不相同，其樹冠、樹葉、果實的形狀也千變萬化，但是有一個共同點，那就是——幾乎所有樹的樹幹都是圓柱形的。為什麼呢？

　　因為圓的面積比其他任何形狀的面積都大，因此圓形樹幹中，導管和篩管的分佈數量，比起非圓形樹幹多得多。所以，圓形樹幹輸送水分和養分的能力較好，較有利於樹幹生長。

　　同樣道理，圓柱形的容積也最大，具有最強的支持力，碩果累累的樹上掛著成百上千個果實，必須靠強有力的樹幹支撐。而且樹木高大的樹冠也同樣要靠著一根主幹支撐，因此樹幹呈圓柱形是最適宜的。

　　另外，圓柱形樹幹還可以抵禦外來的傷害。無論風吹雨打，都容易沿著圓面的切線方向掠過，受影響的只是其中較小的部分。因此久而久之，圓柱形便成為樹幹最理想的形狀了。

Trivia 05 植物會發光嗎？

　　有的動物可以發光，那麼植物呢？世界上有一種會發光的樹，這種樹被人們稱為「夜光樹」或「燈籠樹」。它們四季常青，在晴天的夜晚會發出明亮的光芒。為什麼這種樹會發光呢？

　　科學家研究後發現，夜光樹的葉子裡含有許多磷質，能釋放出少量的磷化氫氣體。這種氣體遇到空氣中的氧，就會發出冷光。

　　但是，還有一些植物並不含有磷質，卻也會發光，這是因為這類植物的體表附著著能分泌發光物質的細菌或真菌，這些發光物質一旦和空氣中的氧發生作用，便會發出光芒。

顧此失彼

　　某西方國家廣告上寫著：「參加傘兵吧！從飛機上跳下來比過馬路安全。」

　　有人在廣告下面寫著：「我很願意參加，但徵兵辦公室在馬路的對面。」

植物都有葉子嗎？

　　植物必須靠著葉子進行呼吸，那麼是不是所有的植物都有長葉子呢？答案是否定的。

　　在非洲沙漠地區，有一種叫做光棍樹的植物，它的莖幹上光禿禿的，一片葉子也沒有，真是名副其實的「光棍」。

　　事實上，光棍樹不長葉子是有原因的。這種樹所生長的沙漠地區，一年四季赤日炎炎，嚴重缺水。如果長滿葉子，就會不停地蒸發水分，很容易就會枯死了。

　　所以，光棍樹為減少水分蒸發，才演化出連一片葉子也沒有的結果。但是一旦沒有葉子就無法進行光合作用了，這樣也不行，於是光棍樹的莖和枝漸漸演化成綠色，目的是替代葉子進行光合作用，製造營養物質。這樣一來，即使沒有葉子它也可以長得很好。

　　但如果把光棍樹移植到溫暖濕潤的地方，它便會長出一些小葉片，以保持體內的水分平衡。可見，葉子對植物的重要性。

Trivia
07 # 為什麼松樹多半長在山上？

這是因為氣候適合松樹生長的關係。

由於下雨時山坡上的泥土受到雨水沖刷，植物需要的養分很容易被沖走，而不下雨時又容易因為乾旱的關係，導致很多樹木不容易在山上存活。

松樹在這樣惡劣的環境裡能夠生存下來，是因為其發達的根部能夠吸收貧瘠土壤裡的養分；又由於松樹的葉子是針狀的，可避免水分過度蒸發，導致植株枯萎。

另外，山上的風比較大，針葉所造成的阻力很小，使松樹不會輕易被吹倒。

Trivia 08 彩色玉米是怎麼長出來的？

我們見到的玉米大多是黃色或白色的。近幾年，市場上出現了紫、黑、白、黃幾種顏色相間的彩色玉米。它們是怎麼長出來的呢？

原來，玉米是一種依靠風力將雄花的花粉吹到雌花上授粉的植物。如果相鄰兩塊地所種的是不同顏色、不同品種的玉米，當它們的花粉隨風飄散到不同種類玉米的雌花上，就會結出不同顏色的玉米。

例如：黃玉米田和白玉米田交接的地方，容易產出黃白相間的玉米。而將不同品種、不同顏色的玉米互相配種，就可以得到五顏六色的彩色玉米了。

Trivia
09
草原上為什麼很少有大樹？

　　大樹為什麼很少長在草原上呢？

　　科學家考察發現，草原上的土層很薄，一般只有二十公分厚，即使在茂盛的灌木叢下，土層的厚度也不超過五十公分，再往下就是堅硬的岩石層。

　　植物的生長全靠深入土層裡的根供給水分和營養，土層薄的地方只適宜生長一些根系短小、不發達的植物，如：草本植物和一些矮小的灌木。

　　而樹木的根一般比較長，必須深入厚厚的土層裡，在淺薄的土層裡是無法生長的。由於這些原因，我們就很少在草原上看到大樹了。

哈哈笑

沒幹什麼

　　「去領本周的薪資吧，你被開除了。」

　　「可我沒有幹什麼呀？」

　　「所以你被開除了。」

10 為什麼水果不一定都是甜的？

　　蘋果是甜的，橘子是酸的，不同的水果有不同的味道。這是因為它們所含的成分不同。

　　甜味的水果裡面大都含有糖，包括葡萄糖、麥芽糖、果糖、蔗糖等，尤其是甘蔗含糖量最多，所以吃起來甜絲絲的。

　　也有的水果本身並不甜，但是吃進嘴裡，唾液便會幫助它產生甜味，所以讓人覺得是甜的。酸味的水果含酸的東西多，像蘋果酸、檸檬酸等。

　　柿子剛熟的時候澀得不得了，那是因為柿子裡含有單寧的關係。

　　總之，水果中所含成分不一樣，就會使水果具有不同的味道。

Trivia 11 植物也會流淚嗎？

　　人和動物都會流淚，那植物呢？其實植物也是會流淚的，比如：松樹。

　　松樹的根、莖、葉裡有許許多多細小的管道，這是松樹在生長過程中所形成的細胞間隙。這些管道銜接成縱橫交錯、貫穿整體的管道系統，稱為樹脂道。

　　樹脂道有一層特殊的分泌細胞，分泌細胞會分泌「淚水」，也就是樹脂，並不斷地將其輸送到管道裡儲藏起來。每當松樹受到傷害的時候，樹脂就從管道裡迅速地流出來，很快地將傷口封閉，防止有害物質入侵。

　　另外，樹脂揮發出一些能殺死有害細菌的物質。所以，松樹「流淚」可不是因為傷心，而是為了保護自己。

植物也需要睡覺嗎？

　　人需要睡覺，動物也需要睡覺，那植物需要睡覺嗎？事實上，有的植物也需要睡覺的。其中，最明顯的就是睡蓮。

　　每當早晨的太陽照進水池的時候，睡蓮美麗的花瓣就慢慢舒展開來，似乎剛剛從酣睡中醒過來一樣，而當夕陽西下的時候，它又靜靜地閉攏花瓣，進入沉沉的夢鄉，所以人們稱之為「睡蓮」。

　　睡眠對植物有很多好處。比如：睡蓮的花蕊非常嬌嫩，花瓣在夜間閉合起來，可以使花蕊免受凍傷。而落花生和三葉草的葉子在夜間也會靜靜地閉合，這樣可以減少熱量的散失，防止水分的蒸發，具有保存能量和水分的作用。

　　所以，植物睡眠是為了適應周圍環境中的光線、溫度和濕度，因而在演化過程中形成自我保護的機制。

13 中藥是如何命名的？

中藥的命名方式主要有以下幾種：

一、以產地命名：

中藥由於生長或栽培的土壤以及所處地區氣候條件不同，往往會影響其功能和療效。

古人很重視「道地藥材」，常在優質藥材的品名上冠以地名，以便與其他地方的藥材相區別。比如：具有補中益氣功效的藥出產於山西的上黨縣，由此取名黨參。巴蜀出產外形似豆的藥物，故稱巴豆。

另外川貝母、川黃蓮、蜀椒等，都是因生長在四川而得名；廣木香、廣陳皮、廣鬱金等，都是因生長在廣東而得名；懷牛膝、懷山藥、懷菊花、懷地黃號稱四大懷藥，因產地在懷慶府（今河南博愛等縣）一帶而得名；阿膠因產於山東省東阿而得名。

二、以顏色命名：

有些藥材乃根據原藥材的天然顏色而命名。如：紅花的花是紅色的，大黃的根莖是黃色的，黑牽牛的種子是黑色的，紫草的根是紫色的。

其他如朱砂、金銀花、赤芍、丹參、雞血藤、黃檗、金蓮花、紅娘子、青風藤，也都緣其特有的顏色，而被

冠以貼切的藥名。

三、以味道或特殊氣味命名：

有許多中藥是根據其特殊氣味而命名的，如：香薷、香附、藿香、茴香、苦參、酸梅、酸棗仁、甜葉菊、甘草、九香蟲、魚腥草等。

洋蔥是種常見的蔬菜，由於是從地底挖出來的，所以很多人以為它是洋蔥的根。其實，洋蔥底下那些像鬍鬚一樣的東西才是洋蔥的根，而洋蔥本身其實是洋蔥的地下變態莖——鱗莖。

剝開洋蔥仔細觀看便會發現，洋蔥底下有一個扁平狀的鱗莖盤，莖盤中央生有頂芽，洋蔥的葉子就是從那裡長出來的。頂芽周圍長有一層層白色的鱗片。這些鱗片完全是洋蔥的葉子變來的，它們重疊在一起就形成膨大的鱗莖。

地錦和黃瓜藤為什麼都能爬到很高的牆上？

地錦的莖上長著許多細長的鬍鬚，每條鬍鬚的頂端都有一個小小的吸盤。無論多麼光滑的牆面，這些小吸盤都能吸附住，而且吸盤吸到那裡，地錦就能爬到哪裡。

黃瓜藤則是先用莖尖上的一小段莖纏繞在樹幹或竹竿上，然後不斷地旋轉。隨著莖越長越長，整株植物體也越旋越高，這樣就可以爬到很高的地方了。

所有的植物都喜歡陽光嗎？

植物沒了陽光就無法生存，那麼是不是所有植物都喜歡陽光呢？植物的生長、開花與陽光的照射有著很密切的關係，但是每一種植物對光照的要求並不相同。有些植物需要充足的陽光，總是生長在陽光充足的林中空地或森林的最上層；有些植物卻並不需要強烈的陽光，

喜歡生長在陰暗的環境中。

　　根據植物對陽光的依賴程度，可以分為陽性植物、陰性植物、耐陰植物三大類。所以，雖然陽光是植物生長的必要條件，但並非所有的植物都喜歡陽光。

Trivia 17　植物怎麼知道春天來了？

　　一到春天，小草就開始發芽變綠，樹梢開始含苞待放，年復一年，總是那麼準時。植物怎麼知道春天來了呢？事實上，植物是根據氣溫的變化來感知春天到來的。許多植物的胚芽在寒冷的冬天休眠一段時間之後，便會對氣溫升高或日照變長等訊息做出反應。

　　也就是說，只有經過寒冷的冬天，植物才會重新開始生長。對於已經長出葉片的植物來說，當它們感受到適宜的溫度時，就會分泌出一種能促使花苞形成的物質，然後美麗的花兒就會在春天競相開放。

　　所以，我們就能看到百花齊放迎接春天的景象。

Trivia 18 為什麼嫩芽不怕寒冬？

　　寒冷的冬天裡，一些樹木的枝頭反倒長滿了嫩嫩的樹芽，難道它們不怕冷嗎？仔細觀察一下你就會明白。

　　原來，每個樹芽的外層都緊緊包裹著鱗片狀的鱗葉。這些鱗葉厚厚的，像裹在嫩芽外面的棉襖。

　　有的鱗葉上面有一層厚厚的蠟質，有的則是一層細密的茸毛，有的覆蓋著一層濃稠的樹脂。

　　有了這樣一件厚厚的棉衣，嫩芽就能保持正常的體溫而不會被凍壞了。另外，由於有鱗葉緊緊包裹著，嫩芽體內的水分也不易蒸發，它們就容易度過寒冬了。

　　當然，生活在熱帶地區的植物嫩芽是不需要鱗片包裹的。

Trivia 19 為什麼樹怕剝皮？

　　樹幹即使中間空心了，都還可以活下去，可是如果樹皮被剝掉，樹就活不了了。這是為什麼呢？

　　因為樹的生長需要足夠的養分和水分，樹葉負責製造營養物質，根部負責吸收水分和養分，而要把這些東西輸送到樹的各個部分，就全靠樹皮了。

　　因此樹皮被剝去後，水分和養分的運輸就會受阻。

　　過一段時間後，根部就會因為得不到足夠的養分而逐漸枯萎，枝葉也會因為得不到充足的水分和養分，而影響光合作用和呼吸作用的進行，最終導致整棵樹死亡。

哈哈笑

湯不燙

　　一位新來的服務生來到某飯店上班，林德曼先生向來就在那飯店用午餐。就在頭一天，林德曼先生對這位服務生的服務態度十分生氣。

　　「服務生先生，」他喊道：「您的大拇指伸進湯裡了！」

　　「不要緊，先生！」服務生解釋說：「這湯一點也不燙。」

為什麼牽牛花都在早晨開花？

　　宮廷劇中說牽牛花是夕顏，其實牽牛花應該是朝顏才對，因為牽牛花常常在清早開花，而到中午左右就會慢慢凋謝。這是為什麼呢？

　　原來，早晨的空氣比較濕潤，陽光比較柔和，這樣的環境對牽牛花最為適宜，當牽牛花體內水分充足時就會開花。

　　而接近中午時，太陽變得強烈，空氣也越來越乾燥，嬌嫩的牽牛花就會因為缺少水分而逐漸凋謝。

　　另外，牽牛花需要蜜蜂、蝴蝶來幫忙傳播花粉，而蜜蜂、蝴蝶一般都喜歡在早晨活動，所以牽牛花只在早晨開花。

Trivia 21 玉蘭花為什麼是先開花後長葉？

　　很多植物都是先長葉後開花，可是玉蘭花卻恰恰相反。因為玉蘭花的葉芽和花芽在生長時對氣溫的要求不一樣，花芽長在枝頂，喜歡生長在較低的溫度，所以當春天天氣稍微暖和一些之後，花苞就會開放。而葉芽比較怕冷，喜歡在較高的溫度下生長，所以葉子長出來的速度總是比花慢。

　　這就是為什麼玉蘭花總在初春氣溫還不太高的時候就開了，等到天氣再暖和一些，嬌嫩的葉片才能破芽而出的原因。

金針是菜嗎？

　　金針是花還是菜？它雖然是一種常見的菜餚，但我們吃的部分其實是它的花。

　　金針花是黃色的，很漂亮，但是在花蕾未開的時候就要把它摘下來。如果等到花開了才摘，就會影響金針的品質。吃金針時仔細觀察，可以看到金針底部有個硬硬的梗。採摘下來的金針花蕾要及時加工，加工方法可直接以熱風烘乾，或是利用蒸氣高溫殺菌及殺青熟化，經過這樣的加工過程，花蕾就會由黃綠色變成淡黃色，然後再攤開晾曬兩三天，或為避免晾曬沾染灰塵，也可以用機器產生熱風烘乾，這樣金針就加工完成了。

　　金針不僅味道鮮美，而且營養豐富，富含有益於人體的多種維生素，可以用來炒肉絲、燉雞湯、燉豆腐等，風味絕佳。

23 果實成熟後為什麼會從樹上掉下來？

　　果實成熟後，如果沒有及時採摘，大多會自行脫落。這是因為果柄太細，不堪果實的重負了嗎？

　　其實不是的，這是大自然演化的結果。果實本來就必須落到地上，才能生根發芽，長出新的果樹。

　　所以為了繁殖後代，當果實越接近成熟，果柄上的細胞就會開始衰老，並且在果柄與樹枝相連的地方形成一層離層。

　　離層猶如一道屏障，可以隔斷果樹對果實的營養供給。這樣一來，在地心引力的作用下，成熟的果實就會紛紛從樹上跌落。

Trivia
24
榕樹為什麼又叫「不死樹」？

　　榕樹越剪越會長，一枝未剪的榕樹就直直地長，若是一枝被剪了，就會在下一個枝椏中長出新枝，東西橫斜，一片濃綠。

　　榕樹的根盤根錯節，到底是氣根還是樹幹常常看不出區別。許多榕樹種類會長出板根，或者出現老莖生花的現象（或稱莖生花，就是花與果實生長在樹幹或是粗枝條上），或是附生之後擠壓、攀抱、纏繞寄生樹的現象。

　　另外像「獨木成林」現象也很常見，比如：電影「少年ＰＩ的奇幻漂流」中的場景——墾丁白榕園就是一例。所以榕樹給人長生不老的印象，所以又叫「不死樹」。

哈哈笑

新舊之分

　　一對新婚夫婦剛剛度完蜜月歸來。

　　他們剛下飛機，新娘就說：「親愛的，讓我們裝得像是結婚很久的老夫妻一樣好嗎？」

　　「好。」新郎說，「那麼，你就來提行李吧！」

Trivia 25

竹子有可能長成像大樹那麼粗嗎？

　　竹子的高度的確可以像大樹那樣高，可是卻很少長得和大樹一樣粗。這是為什麼呢？竹子真的沒辦法長得像大樹那樣粗嗎？

　　這是因為竹子和樹木本來就是不同科別的植物，樹木是木本植物，而竹子是草本植物。

　　樹木的莖幹裡有一種叫做形成層的細胞，它們不僅可以向上分裂出新的細胞，使樹木長高，還可以向四周分裂出新的細胞，使樹木變粗。所以隨著一年又一年的生長，樹木便會慢慢地長成粗壯的大樹。而竹子的莖幹裡並沒有形成層，所以竹子只會在剛開始生長時有一段時間會長粗，到一定程度後就不會再變粗了。

　　這就是竹子雖然可以長高，卻不能長粗的原因。

楓樹為什麼會變紅？

Trivia 26

過去生物學家認為，秋葉變色除了是落葉植物生命當中的美麗時刻外，並沒有多大意義。

對這個現象的標準解釋是，這些鮮豔的色彩其實本來就隱藏在樹葉中，當葉綠素消失時，其他色彩就會顯現出來，就好像脫下外衣之後露出裡面鮮豔的衣衫一樣道理。

不過，後來證明這樣的理論只對了一半。

黃色和橙色的確早就存在於葉子裡面，所以脫下「葉綠素」這層外套之後，當然就會呈現黃橙顏色。但是紅色和紫紅色則是在樹木準備進入冬季休眠期時，才製造出來的化合物。

為什麼竹子長得特別快？

　　竹子似乎長得很快，這是因為竹子的每個竹節都能同時生長，而樹木只有頂端能夠生長，所以竹子的生長速度特別快。樹木生長一、二十米可能需要幾十年，但竹子只要一兩個月便可以生長到這個高度了。

為什麼水果多半近似圓球體？

　　我們見到的蘋果、桃子、西瓜、葡萄、香瓜等大多數水果都呈圓球形，其實這是有科學根據的。

　　首先，在自然條件下，圓球形果實所需要承受的風吹雨打力道比方形的小得多。起風時，圓球形果實不易被風吹掉；下雨時，雨水也會順著圓球形果實的表面滾落下去。

　　其次，圓球形水果的表面積小於其他形狀水果的表

面積，所以水分蒸發量較少，更加有利於果實的生長發育。所以，水果長成圓球形，其實是自然演化的結果。

　　後來為了方便運送等原因，才發展出不同的種植技術，可使水果長成方形或是其他形狀。

只有綠色的葉子能進行光合作用嗎？

　　很多人都以為只有綠葉才能進行光合作用，紅色的葉子是無法進行光合作用的，這是錯誤的。

　　紅色的葉子裡同樣也含有葉綠素，只因為這些葉子裡除了含有葉綠素外，還含有紅色的花青素，當花青素的含量超過葉綠素時，葉子就會呈現紅色。

　　雖然紅葉子中的葉綠素含量相對較少，但並不影響光合作用的進行。因此不管是什麼顏色的葉子，只要含有葉綠素，就可以進行光合作用。

　　所以許多生長在海底的植物，如：褐色的海帶、褐色的紫菜等也同樣可以進行光合作用。

Trivia
30

花朵如何長成果實？

　　植物繁殖必須依靠花粉傳播，而傳粉的方式有很多種，有的靠風來傳播花粉，有的靠花香、形態、顏色等，吸引動物來幫助傳播花粉。

　　授粉後，花粉因為柱頭所分泌黏液的刺激，萌發形成花粉管。花粉管沿著花柱朝子房生長，花粉管內有精子，子房內的胚珠中則有卵細胞。當花粉管到達胚珠時，花粉管裡的精子就會與卵結合，形成受精卵。

　　受精後，子房逐漸發育成為果實，果實的成熟是靠著種子所分泌的一種乙烯化學物質，而花朵其他部分則先後枯萎或凋落。

　　最後，子房各部分逐漸發育成果實中各種結構：子房中的子房壁發育成果皮，胚珠中的珠皮、受精卵發育成種子中的種皮、胚，因此成為一個完整的果實。

為什麼荷花能夠「出淤泥而不染」？

　　荷花「出淤泥而不染，濯清漣而不妖」，是高尚純潔的象徵。荷花既然是從污泥中生長出來的，為什麼可以那麼光潔美麗，不沾染一絲髒東西呢？

　　因為荷花和荷葉的表面都有著一層像蠟一樣的物質，還有許多微小的突起，突起之間含有空氣。

　　當荷花的花芽和葉芽從污泥裡鑽出來時，由於受到表層保護，髒東西很難附著上去。而當水與其表面接觸時，會因表面張力而形成水珠。

　　這些水珠滾來滾去，順便達到了潔淨的效果，把灰塵和污泥帶走，所以荷花便能「出淤泥而不染」。

為什麼很少看到黑色的花？

Trivia 32

　　植物學家曾做過花朵色彩統計，發現黑色的花很少，四千多萬種花之中，只有九種是黑色的。

　　這是為什麼呢？原來花朵不喜歡黑色，就像我們不喜歡在夏天穿黑色的衣服一樣。

　　黑色吸收太陽光的能力很強，花朵如果是黑色的，在強光下就容易被灼傷。而且，為花朵傳播花粉的小昆蟲們多半喜歡鮮豔的顏色，對黑色不理不睬。

　　於是花朵為了吸引昆蟲來傳播花粉，紛紛呈現出豔麗的顏色。

　　另外，也因為花瓣所含有的物質和色素，一般都不能呈現出黑色素，因此黑色的花就很少見了。

哈哈笑

已經瘋了

　　在澳洲有兩頭牛正在吃草。

　　其中一頭牛說：「最近流行狂牛病，我們不會被傳染上吧？」

　　另一頭牛說：「怎麼會呢？我們是袋鼠啊！」

樹會笑嗎？

　　人會笑，那麼植物會嗎？

　　有一種叫哈哈樹的喬木植物，高度可達七公尺，生長於盧安達首都吉佳麗的植物園裡，葉子呈橢圓形，枝幹上長有堅果，形狀像鈴鐺，果殼薄而脆，殼表面長有小孔，內有皮蕊。微風吹過時皮蕊扇動，便會發出一陣哈哈笑聲，因此當地人稱之為「哈哈樹」或「笑樹」。

Trivia 34 牽牛花藤蔓朝哪個方向纏繞？

　　牽牛花的藤蔓都是逆時針旋轉的。

　　根據科學家的研究發現，植物旋轉纏繞的方向特性，是來自祖先遺傳下來的本能。遠在億萬年以前，有兩種攀緣植物的始祖，一種生長在南半球，一種生長在北半球。

　　為了獲得更多的陽光和空間幫助生長發育，莖的頂端會緊緊跟隨著東升西落的太陽。因此，生長在南半球植物的莖就會向右旋轉，生長在北半球植物的莖則向左旋轉。

　　此後經過漫長的適應、進化，這些植物逐步形成固定的旋轉纏繞方向。

　　後來它們雖被移植到不同的地理位置，但其旋轉方向的特性還是遺傳下來固定不變了。至於起源於赤道附近的植物，由於太陽當空，它們不需要隨太陽轉動，所以纏繞方向不固定，可隨意旋轉纏繞。

Trivia 35 什麼植物可以驅趕老鼠？

有種植物叫「鼠見愁」，又名「藥用倒提壺」，是十分有名的驅鼠植物。

藥用倒提壺屬於紫草科，是兩年生藥用植物，主要分佈在歐洲和亞洲北部。

植株曬乾後會發出一種氣味，使鼠類無法忍受，抱頭逃竄，更不用說靠近它了。甚至有的老鼠遇到這種植物情願跳水自盡，也不願久聞其味。

科學家研究發現，植物界除了藥用倒提壺可以驅逐老鼠外，還有香菜、黃毛蕊花、羊踟躕（黃杜鵑），這三種植物都會釋放特殊的氣味，令老鼠不願接近。

古時人們將這類植物放在糧倉內，用以避免鼠害。

哈哈笑

小弟弟幾歲

有一天下午，客人到幼稚園參觀。他問一個小弟弟：「小弟弟，你午睡了沒？」

小弟弟搖搖頭回答他：「我四歲，還沒五歲！」

Trivia 36 棉花是花嗎？

　　棉花有一個花字，所以許多人都以為潔白的棉花就是棉花的花朵部分。

　　其實，棉花並不是花，而是長在棉籽上的茸毛，應該稱為棉絮才對。

　　棉絮是一種植物纖維，可以用來織布，是衣服的原料之一。棉花真正的花朵期一般在初夏開放，不但有多種顏色，還會變色。

　　早晨棉花的花朵初開時是白色的，下午就變成粉紅色，到了晚上又會變成紫色。花朵凋謝以後，棉枝上便會結出一個個棉桃。

　　棉桃內有棉籽，棉籽上的茸毛就是從棉籽表皮長出來，塞滿棉桃內部的棉花。

　　每年九至十月份，棉桃會成熟裂開，露出雪白的棉花。

花竟然喜歡喝啤酒？

每到夏季就是啤酒的銷售旺季，不僅人愛喝啤酒，花卉對啤酒也情有獨鍾。

為什麼花卉也愛喝啤酒呢？

第一，啤酒中含有大量的二氧化碳，而二氧化碳正是各種植物及花卉進行新陳代謝不可缺少的物質。

第二，啤酒中含有乙醇，這種物質不但能讓花卉進行自由自在的呼吸，而且還能消毒花枝的切口，具有防腐作用，可使花卉延長生命。

第三，啤酒中含有糖、蛋白質、氨基酸和磷酸等營養物質，可以提供多種生長必需的營養成分給花卉和枝葉。

基於以上原因，花卉也就特別喜愛「喝」啤酒。

Trivia 38 哪裡有會產「米」的樹？

　　只有水稻會產米嗎？有沒有產米的樹呢？在菲律賓、印尼、馬來西亞和巴布亞新幾內亞等國家的島嶼上，生長著一種西谷椰子樹。

　　這種樹的樹幹挺直，葉子很長，約有三～六米，終年常綠，樹幹長得很快，只要十年就可長成十至二十公尺高。

　　但是，西谷椰子樹的壽命很短，只有十到二十年。它一生只開一次花，而且開花後不到幾個月就會枯死。因為西谷椰子樹的樹幹內全是澱粉，所以當地居民稱之為「米樹」。

　　西谷椰子樹開花之前，是樹幹中貯存澱粉最多的時期，樹木開花後很短時間內，這些澱粉就會消失，只留下空空的樹幹。

　　為了及時收穫豐富的澱粉，當地人會在米樹開花之前就將之砍倒，刮取樹幹內的澱粉放在桶內加水攪拌，等到澄清後晾乾，然後再加工成一粒粒潔白晶瑩的「西谷米」。

一朵向日葵為什麼能結那麼多的瓜子？

向日葵的看上去就像是一朵大大的花，實際上卻是由成千上百朵舌狀花和筒狀花共同組成。最外圈的金黃色花瓣，其實就是一朵朵的舌狀花，中心那些密密麻麻的小花則是管狀花。

不管是舌狀花還是管狀花，都有各自的雄蕊和雌蕊。到了秋天，向日葵花朵盛開時，每朵管狀花都能結出一粒葵花子，管狀花越多就能結出越多的瓜子。葵花子內含有豐富的植物油和蛋白質，營養價值極高。

Trivia
40
為什麼葉子落在地面後，大多是背面朝上？

　　我們常說「一葉知秋」，意思是說，當天氣轉涼時，看到葉子變黃從樹上落下來，就知道秋天到了。可是，樹葉從樹上落下來時，大都是葉子的背面朝上，這是為什麼呢？

　　如果把葉子切開，放在顯微鏡下觀察就會發現：靠近葉面的細胞是一排緊密排列的長方形細胞，我們稱之為柵欄組織；而靠近葉背的細胞是排列疏鬆的海綿組織。柵欄組織含有大量的葉綠素，用以接收大量的陽光進行光合作用，而海綿組織的葉綠素較少，能儲存較多的水分。

　　當葉子變黃脫落時，葉子背面海綿組織裡的水已經被蒸發完了，相對於結構緊密的葉面比較輕一些，所以落下時葉子就會自動翻轉為較重的一面朝下，背面就會朝上了。

41 含羞草為什麼會害羞？

　　含羞草的害羞反應，其實是植物的運動現象之一，是由於細胞內膨壓改變所造成的。大部分成熟的植物細胞內有著一個很大的液泡，當液泡內充滿水分時，就會壓迫周圍的細胞質，使它緊緊貼向細胞壁，給予細胞壁一種壓力，這就是膨壓。膨壓使得細胞壁處於緊繃狀態，像吹滿了氣的氣球一樣。

　　液泡內所含的有機物質和無機物質濃度高低，決定了滲透壓的高低，而滲透壓的高低可以決定水分擴散的方向。

　　所以當液泡濃度增高時，滲透壓增加，水分由細胞外向細胞內擴散而進入液泡，增加細胞的膨壓，使細胞鼓脹；反之，細胞則萎縮。這種過程就能造成植物緩慢的運動。所以當我們碰到含羞草的葉子時，葉枕細胞受到刺激，產生去極化作用，細胞的水分在瞬間排除，使細胞喪失膨壓，葉枕就變得癱軟，小羽片失去葉枕的支持而依次合攏起來。這就是大家說含羞草會害羞的原因了。

冬蟲夏草到底是蟲還是草?

Trivia 42

很多人都聽說過冬蟲夏草,那它到底是蟲還是草呢?事實上,冬蟲夏草屬於真菌類植物,屬於麥角菌科。冬蟲夏草菌會寄生於幼蟲身體之中,使幼蟲身體僵化,後又長出棒狀子座而成。

舉例來說,蝙蝠蛾科中有許多種類的蝙蝠蛾為了繁衍後代,會將卵產在土壤中,卵孵化後轉變成幼蟲。而在此時,只要冬蟲夏草菌遇到適合生長的條件,便會侵入蟄居於土壤中的蝙蝠蛾科幼蟲體內。

此後冬蟲夏草菌便開始吸收幼蟲體內的物質,並在幼蟲體內不斷繁殖,直到幼蟲體內充滿菌絲而死。直到來年五至七月天氣轉暖時,從幼蟲頭部生出子座,冒出地面,被人們發現後採挖出來晾乾,便成為我們所知的冬蟲夏草。

哈哈笑

看著我

某天上生物課,老師拿著美洲鱷魚掛圖,要學生集中注意力一點:「都看著我,要不然你們怎麼知道『美洲鱷魚』長什麼樣?」

黃瓜為什麼可以美容？

女性朋友喜歡將新鮮的黃瓜切成薄片貼在臉部，或取黃瓜的汁液塗於面部皮膚上。這樣真的有美容效果嗎？

經過科學家研究發現，黃瓜內含有人體生長發育和生命活動所需的多種糖類、氨基酸和維生素，可為皮膚和肌肉提供充足的養分，有效地對抗皮膚老化，減少皺紋的產生。

所以，經常敷黃瓜面膜，具有舒展面部皺紋、淡化黑斑和清潔保護皮膚的美容功效。

黃瓜中所含的丙醇二酸能有效地抑制食物中的糖類轉化為脂肪，達到減肥的目的。黃瓜中所含的生物活性酶，也能有效地促進新陳代謝。

問路

有位行人迷路了，剛好有一個小朋友走過他的面前，他便拍拍小朋友的肩膀說：「這裡是中正路嗎？」

小朋友看了一眼說：「不是，這是我的肩膀。」

Trivia
44

香蕉為什麼沒有籽？

　　野生香蕉本來是有籽的,所以吃起來很不方便。於是人們便開始研究,經過長期實驗之後,偶然發現了沒有籽的香蕉。

　　這種香蕉的染色體倍性屬於三倍體,因為染色體不均的關係,導致種子無法發育,於是人們便開始培育這種香蕉,使它完全取代了有子的香蕉。

　　我們常吃的香蕉,就是這種經過長期培育出來的香蕉,所以沒有籽。

Trivia
45 為什麼甘蔗兩頭甜度不同？

　　愛吃甘蔗的人都知道要挑根部吃，因為根部比較甜。所有的植物在生長發育過程中都會製造出許多養分，除了供自身消耗以外，多餘的養分就會儲藏在根部。由於甘蔗製造的養分絕大部分是糖，所以根部儲藏了不少糖分。

　　此外，由於甘蔗葉子不停地蒸發水分，所以梢頭的部份總是保持著豐富的水分供葉子消耗。水分較多的地方，糖的濃度也就相對較低，當然甜味也就淡了。這就是甘蔗根部比頭部甜的原因。

Trivia 46 仙人掌有葉子嗎？

　　仙人掌生長於沙漠之中，為了適應乾旱少雨的氣候，不斷地改變自己的形態，慢慢地莖部增大了，葉子漸漸消失了，取而代之的是莖上那一根根小硬刺或密密麻麻的茸毛。

　　仙人掌的葉子退化後，行光合作用製造養分的重責大任，就落到了綠色的莖身上。

　　所以仙人掌的長像是經過長期演化過程而來的，既可以保證充足的水分和養分，又可以減少水分蒸發。

　　另外，沙漠地帶的假葉樹、光棍樹等都沒葉子，同樣都是為了減少水分蒸發，並且也減少被動物吃掉的機會。

哈哈笑

怨氣難消

　　法官望著被告說：「我是不是曾經見過你，你好像有些眼熟。」

　　被告滿懷希望地說：「是的！法官，您忘啦？二十一年前，是我介紹尊夫人跟您認識的。」

　　法官咬牙切齒地說：「判你二十年有期徒刑。」

蘑菇為什麼總是長在樹下？

蘑菇分很多種，一般長在樹下的多為腐木菇，因為樹下經常有落葉和樹枝掉落，形成蘑菇生長基質。

樹下的腐植質是蘑菇生長的營養來源，並且樹下也多半具有足夠的濕度，且可以遮風擋雨。

為什麼韭菜割了還會再長？

韭菜收割之後，過一段時間就會重新長出來。這是為什麼呢？

如果將一株韭菜挖出來仔細觀察，就會發現韭菜根部有一個小小的硬塊，那就是韭菜的鱗莖，裡面儲存著大量營養，所以韭菜即使被割去葉子也仍然能生長。

一般韭菜栽下之後必須經過半年才能進行第一次的收割，就是為了讓鱗莖長得更好一些。

海帶是怎樣繁殖後代的？

海帶是一種奇特的海底植物，它的繁殖方法很特別。先在葉上長出很多像口袋一樣的孢子囊，囊裡有許多孢子，等孢子囊破裂，孢子就會四處游散。

孢子靠著兩端的鞭毛在海裡到處遊蕩，一旦落在岩石上，就會開始慢慢生長。

花生為什麼會在地下結果？

花生因為在地上開花、地下結果的特性，又被稱為落花生。大自然中的植物儘管形態特性各不相同，卻各有生存之道，花生會落地而生就是其中一個例子。這種習性即使在整個植物界也極為罕見，那麼，到底它為什麼要落地才生果呢？要說明這個問題，只能從花生的特殊器官——果針說起。

花生的花器結構與其他豆科植物一樣都是蝶形花，

但是當其受精之後，子房基部的部分細胞便開始分裂，形成了所謂的子房柄；隨著其細胞分生，子房柄迅速伸長。子房柄的頂端是子房，其外層是木質化的表皮細胞，形成一個針狀的保護帽，所以人們稱之為「果針」。

　　果針與根一樣，具有向地性，它會在伸入土中三至十公分後才停止深入土壤，而後子房開始膨大橫臥長成莢角，也就是我們所熟悉的花生。

面談

　　Jack到一家酒吧應徵警衛。酒吧的經理問他：「你有沒有經驗？」

　　「當然！」Jack就環視四周。看到一個醉醺醺的酒客走過。馬上把他抓過來。隨之一腳將他踢出門外。然後。得意洋洋地問經理：「那請問我現在能不能見總經理了？」

　　「那你恐怕要稍等他一下了。因為。他剛才被你踢出去了。」

Part ③

古時候官員也可以退休嗎？
──看了就瞭的軍事 X 檔案

為什麼說「三十六計，走為上」？

　　三十六計的最後一計是走，可是大家為什麼都說「三十六計，走為上」呢？這句話出自《南齊書·王敬則傳》：「檀公三十六策，走是上計。」原指無力抵抗敵人，以逃走為上策。

　　「走為上」，並不是說「走」在三十六計中是上計，而是指在敵強我弱的情況下，有幾種選擇——求和、投降、死拼、撤退——這四種選擇中，前三種完全沒有出路時，只有第四種「撤退」才可以保存實力，再圖捲土重來。

　　因為是當下最好的抉擇，所以說「走」為上。三十六計，當然都是想求勝，而不是求敗的。既然前面的計謀無法求勝，而這敗戰計中的最後一計——走為上，就是為了在前面諸多計謀都不能取勝的時候保存實力，以圖東山再起，所以才會排在最後。

為什麼把人頭稱為「首級」？

在古時候，首級是對人頭的別稱，那為什麼要把腦袋叫「首級」呢？

在秦漢之初，軍隊中設立了一種嘉獎制度，用以慰勞作戰有功的人：凡斬下敵人一個人頭，即賜爵一級。而古人稱頭為首，一「首」一級，久而久之，人們就把人頭叫做首級了。

這項制度本來是為了鼓勵士兵奮勇殺敵的，但是沒想到最後士兵們為了首級，經常自相殘殺，甚至殺害無辜的老百姓。

因此在北宋仁宗時期，大將狄青揮下軍營為了一首級之權，將士數百人竟互相殘殺，差一點釀成大禍。此後，宋仁宗便廢除了首級制度。

Trivia 03 古人常說「大戰三百回合」，什麼是「回合」？

　　武俠小說裡經常出現兩方「大戰三百回合」的說法，為什麼叫「回合」呢？

　　這個詞源於古時候的戰車。古時候無論東西方國家，都經歷過以車戰為主要戰爭形式的時期。車戰開始時，戰車駛向對方，兩方開始交戰：先是遠程時由射者對攻；等到戰車靠近後便用戈矛交戰；然後戰車擦身而過駛向遠方，便又回到弓箭對射。這個過程稱為「合」，所謂「合」就是相交、交戰的意思。

　　戰車駛遠之後，各自必須再掉過頭來，戰車掉頭的過程，就是「回」，然後兩車再駛近而「合」。每一個「回」之後，必有一個「合」，戰爭就這樣不停地以「回」、「合」、「回」、「合」的形式繼續下去，直到有一方失敗，在「合」之後，不再「回」，而是直接駕車而逃。雖然到了漢武帝時，作戰的方式從車戰轉變為騎戰，而代表作戰過程每一次交鋒的「回合」一詞，卻一直留傳至今。

「午時三刻問斬」，為什麼要選在這個時刻行刑？

　　古時候處決犯人時總會說：「午時三刻，推出去斬了！」犯人被押送法場時，也要等時辰到了，才可以開閘問斬，但為什麼總是選午時三刻呢？午時三刻到底是指什麼時間？

　　在古時候，一個時辰代表兩個小時，午時指的是中午十一點到一點之間，午時三刻就是在十一點四十五分左右。

　　因為在傳統上一直認為殺人屬「陰事」，無論被殺的人是否罪有應得，鬼魂總是會來糾纏。午時三刻因為將近正午十二點，太陽正當空，是地面上陰影最短的時候。所以人們認為，午時三刻是一天當中陽氣最盛的時候，在陽氣最盛的時候行刑，可以壓抑鬼魂，使其不能現身。這應該就是習慣在午時三刻行刑的最主要原因。所以在舊小說和戲文中，多半出現午時三刻問斬的場景。

　　另外，人的精力在午時三刻最為蕭索，往往呈現昏昏欲睡的狀態，處於「伏枕」的邊緣，犯人在被砍頭的瞬間，也許痛苦會減少很多。選擇這樣的時間來處決犯人，大概也是想展現古時候嚴酷刑罰下尚存的一絲人道主義吧。

古時候的「笞刑」是打哪裡？

古時候所謂笞刑就是用刑具笞打犯人。

一直到漢景帝八年（西元前一四九年），才頒佈所謂的《箠令》，對笞刑做了詳細的規定。《箠令》中規定要「笞臀」，要求用刑必須避開人體最重要的胸、腹、腰等要害。

笞刑用刑時是必須脫掉衣服的。這對男犯而言尚無大礙，但對女犯則甚為不雅。因此，在魏晉的時候，女犯受笞刑時是不笞臀而笞背的。

但後背太過靠近心腹等重要部位，而且皮膚甚薄，所以笞背僅存在於魏晉時代。

不過，婦女若被判受笞刑，受有封誥或有經濟能力者，皆可以用錢贖。一直到清末，笞刑才終於被廢除。

何謂「馬革裹屍」？

　　「馬革裹屍」出自南朝范曄的《後漢書·馬援傳》：「男兒要當死於邊野，以馬革裹屍還葬耳，何能臥床上在兒女子手中邪？」

　　東漢時期，北方匈奴屢屢進犯，大將軍馬援率軍前去抵抗。他英勇殺敵，大破匈奴，皇帝封他為伏波將軍。直到他六十二歲時，匈奴再度侵犯東漢，馬援請求帶兵出戰說：「男兒當死於沙場，以馬革裹屍還葬耳。」並於同年病死於軍中。

　　因為當時多用騎兵，人與馬的死傷很常見。於是戰場收殮屍體時，一般會直接將戰馬的皮剝下來，包裹住戰士的屍體後埋葬，所以有「馬革裹屍」之說。

哈哈笑

會講英語

　　一個德國搶劫犯被帶到法庭，法官問他是否會講英語，年輕人答道：「會一點點。」

　　「你會講什麼？」

　　「把所有的錢都給我。」

十八般武藝分別指什麼？

在描繪本領高強的英雄俠客時，總說他們天下無敵，十八般武藝樣樣精通。

那麼，十八般武藝究竟是指哪些呢？十八般武藝的名稱，始於南宋「武藝一十有八」。

到了明朝萬曆年間，謝肇在《五殺姐》中說：「明英宗在土木堡之變被擄以後，朝廷開始招募天下的勇士。山西有一個名叫李通的人，在京城教習武術。考察他的技藝，發現十八般武藝樣樣都會，因此第一個就被選上了。」根據這本書的記載，十八般武藝為一弓、二弩、三槍、四刀、五劍、六矛、七盾、八斧、九鉞、十戟、十一鞭、十二鐧、十三錘、十四殳、十五叉、十六耙頭、十七綿繩套索、十八白打（徒手打拳）。而今十八般武藝，被延伸為能使用各種兵器，或是精通多種武藝，更經常被用來指一個人會多種技能。

Trivia

08　「我」字在古時候是什麼意思？

　　表示自己時，現代人通常使用的第一人稱是「我」。儘管現在的「我」是一個很常用的字眼，可是最早的「我」字，意思與今天大家的認知相差很遠。

　　先從「我」這個字形說起。大家都知道「戈」是指兵器的意思。在古時候「戈」是一種橫刃，用青銅或鐵製成，裝有長柄。這種武器盛行於商代至戰國時期，直到秦以後才逐漸消失。戈上突出的部分叫做援，援的上下皆刃，用以橫擊、鉤殺、鉤割或啄刺敵人。「我」是個會意字，從戈，所以字形就像兵器。因此「我」的本義就是一種兵器，但這種兵器的具體形狀已經很難說清楚了。

　　後來，「我」由兵器名稱引申出了「殺」的意思，《說文解字》就解釋說：「我，古殺字」。可是表示兵器的「我」字，到底是怎麼演變成了代表「自己」的意思呢？因為「戈」在古時候是一種具有代表性的武器。大丈夫當「能執干戈以衛社稷」，因此武士們便經常取戈自持。凡持戈之人皆歸屬於我方，於是「我」便引申出表示自我的意思，後來逐漸變成了今天所用「我」的意思了。

Trivia 09 凌遲為什麼又叫千刀萬剮？

「千刀萬剮」就是凌遲，也稱陵遲。最初「陵遲」的意思是指山陵的坡度慢慢降低，演變成死刑名稱，則是指處死人時將身上的肉一刀刀割去，使受刑人痛苦不堪慢慢死去。

凌遲最早出現在五代時期，正式定為刑名則是到了遼代才有。此後，金、元、明、清都將此刑規定為法定刑罰，屬於最殘忍的一種死刑。歷代行刑方法有所區別，一般是切八刀，先切頭面，然後是手足，再是胸腹，最後梟首（就是砍下頭來，懸掛示眾）。記錄上卻比八刀還多，清朝就有二十四刀、三十六刀、七十二刀和一百二十刀幾類。

真正行刑時還有更多刀的，最多的就是明朝作惡多端的太監劉瑾，他被割了三天，共四千七百刀。凌遲刑罰直到光緒三十一年（西元一九〇五年），在法學家沈家本的奏請之下，才頒佈《大清現行律例》將凌遲、梟首、戮屍等法「永遠刪除，具改斬決」。

晚清士兵的軍服後背為何有的寫「兵」，有的寫「勇」？

清朝的電視劇中經常會看到士兵軍服後面有的寫著「兵」字，有的寫著「勇」字，這是為什麼呢？二者有什麼區別嗎？

背後寫著「兵」字的，是清朝朝廷的常備武力，包括八旗軍和綠營軍，都直接隸屬皇帝。

八旗軍為滿兵；綠營兵是為彌補滿軍不足，而由漢人組成的軍隊，以綠旗為標誌。因以營為建制單位，故稱綠營兵。按定制，八旗兵大部分衛戍京師，為國家精銳部隊，掌管京師安全；綠營兵則遍佈全國各地，其數量要比八旗兵多數倍。

因此，八旗兵更受朝廷的倚重。雍正乾隆時期之後，每遇戰事，若八旗兵和綠營兵不足使用，則就地臨時招募軍隊，戰事結束後立即解散，即使有功也不久留久用，這種兵被稱為「勇」。

到了清末太平天國時，曾國藩才改非正式的鄉勇為練勇（即湘軍），定兵制，發餉糧，稱為勇營。從此以後，「勇」基本上就代替了「兵」，成為清末的主要軍

事力量。並且士兵和軍官開始忠於自己的長官，而不直接效忠皇帝，即所謂「兵為將有」。

Trivia 11 「元帥」是從什麼時候開始成為軍銜的？

最早時，元帥只是宮廷裡管理皇帝馬廄的官。法文中的「元帥」一詞，源自古時候的德文「馬」和「僕人」。

中世紀的法國，元帥成了軍隊中的職務名稱，負責軍隊的行軍隊形和作戰隊形，並監督警衛勤務的執行，負責管理軍隊的庶務、指揮前衛、選擇營地等等。

到了十六世紀，「元帥」一詞才成為法國最高軍銜，在十六世紀下半先後授予立有卓著戰功的十八名將領以元帥軍銜。同樣在十六世紀授予元帥銜的還有德國。到了十七世紀以後，在奧地利和俄羅斯等國也相繼設立了此項軍銜。

Trivia
12
綠色的陸軍軍裝是怎麼來的？

　　世界上大部分國家陸軍的軍裝顏色都是綠色的。軍裝一直是綠色的嗎？最早的軍裝是什麼顏色的呢？第一個把軍裝染成綠色的國家是英國，但是在一開始軍裝並不是綠色的。在十八世紀以前，英國陸軍軍裝的顏色本來是光彩奪目、漂亮耀眼的紅色。

　　紅色的軍裝十分引人注目，英軍官兵為此感到很得意。到了十八世紀末葉，英國陸軍在非洲南部與當地的布林人打了一仗，結果當時擁有全世界最精良武器裝備的英軍，竟然敗給了手執原始弓箭長矛，只有少數現代武器的布林人。

　　這是為什麼呢？原來，開戰時布林人身上穿著草綠色的衣服，躲在叢林中根本無法發現；而英軍火紅色的軍服，在綠色的叢林裡十分醒目，很容易就成為目標。就這樣，布林人在暗處，英軍在明處，正所謂「明槍易躲，暗箭難防」，武器精良的英軍當然慘敗給布林人。慘敗的英軍吸取教訓，並且將紅色的軍裝通通改成了暗綠色。

為什麼把當兵稱為「入伍」？

　　我們把當兵稱為「入伍」，和古時候軍隊的編制有關。《周禮》中記載，古時候軍隊「五人為伍，五伍為兩，四兩為卒，五卒為旅，五旅為師，五師為軍」。那時，社會基層單位叫「比」，村莊裡五戶為一比。徵兵時，每五戶必須送一名男丁，五比共送五人，組成一個伍。

　　此後軍隊編制不斷變化，但「伍」的叫法一直留傳至今。直到現在，「伍」字在部隊裡依舊廣為使用，如：「隊伍」、「退伍」等。

人們是從什麼時候開始使用弓箭的？

　　弓箭是古時候人們用來狩獵和打仗的武器。人類歷史上最早的弓箭出現在山西。

　　考古學家在山西省桑乾河支流，峙峪河與小泉河匯合口上，有一塊面積為一千平方公尺的小丘地層，在這

裡發現了一塊被稱作「峙峪人」的枕骨殘骸，還發現一批豐富的文化遺物，其中有一種加工精緻的小石鏃，是用很薄的長石片製成的，尖端很鋒利。

這種石鏃的特點正符合箭尖的三要素——鋒利、尖頭適度、器形周正，由此可以證明這個小石鏃或許就是箭尖。與尖頭相對的另一端，左右兩側呈現些微凹陷，成為一個小缺口，顯然是用來安裝箭身的。

由此可推知峙峪人已經開始使用石製的弓箭。這是人類迄今為止發現到最早的弓箭，距今約兩萬八千年。弓箭的出現，說明了人類開始使用複合工具，是原始社會技術顯著進步的標誌，代表人類與大自然界鬥爭的力量自此大大提昇。

Trivia 15 聯合國最早是哪個國家提倡建立的？

聯合國這個概念最早是由美國國務院在一九三九年最先提出成立一個新世界組織的計劃，而聯合國這個名字則是由美國總統羅斯福提出的。

一九四二年一月一日，當時正在與德國、義大利、

日本作戰的中華民國政府、美國、英國、蘇聯等二十六國代表在華盛頓發表了《聯合國家宣言》。

一九四五年四月二十五日，來自五十個國家的代表在美國三藩市召開聯合國國際組織會議。

六月二十六日，五十個國家的代表簽署了《聯合國憲章》，後又有波蘭補簽。同年十月二十四日，中、法、蘇、英、美和其他多數簽字國遞交批准書之後，憲章開始生效，聯合國正式成立。

一九四六年一月十日至二月十四日，第一屆聯合國大會第一階段會議在倫敦舉行，有五十一個創始會員國的代表參加這次會議，聯合國組織系統正式開始運作。

一九四七年，聯合國大會決定將十月二十四日訂為聯合國日。

Trivia 16 聯合國運作所需的費用從何而來？

聯合國是一個世界政府國際組織，截止至二○一一年，共有一百九十三個會員國。

聯合國大會總部所在地是美國紐約、瑞士日內瓦、

奧地利維也納、肯亞奈洛比。

聯合國根據各成員國的貧富程度等因素，每年分別分攤一定比例的費用，分攤的份額每三年調整一次。

美國所占比例最高，為百分之二十五，一九九六至一九九七年度所繳納的會費就有六點二億美元；日本次之，占百分之十五點四四，總繳納三點八億美元；德國排在第三，占百分之九點零五，應繳二點三億美元。

Trivia 17 「尚方寶劍」的由來是什麼？

「尚方」其實是官名，是專門供應皇帝所用器物的官。尚方劍其實最初叫斬馬劍，原因是它的鋒利程度足以斬馬。由於斬馬劍就由尚方負責保管，所以俗稱「尚方寶劍」。

《漢書・董賢傳》裡有「武庫禁兵，尚方珍寶」。可見，尚方寶劍在漢代就已經有了。《前漢書・朱雲傳》載：朱雲上書皇帝，「臣願賜尚方斬馬劍，短佞臣一人以屬其餘。」到了明代劉伯溫的《贈周宗道六十四韻》詩中也有：「先封尚方劍，按法誅奸贓。」由此可見，

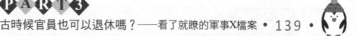

持有尚方寶劍的人，通常是皇帝最信賴的人，他必須依法辦案，並且可以先斬後奏。

Trivia 18 美軍軍階中為什麼沒有元帥？

　　一九四四年美國總統羅斯福希望能授予二戰中功績卓著的威廉・丹尼爾・萊希以及喬治・卡特萊特・馬歇爾等人以元帥軍銜，但遭到馬歇爾的堅決反對，理由是他的姓Marshall與英語「元帥（Marshal）」一詞發音一樣，唸起來顯得滑稽。

　　但實際上這只是他的托詞而已，真正的原因在於馬歇爾對他的老上司——第一次世界大戰時的美國英雄約翰・潘興非常敬重，馬歇爾希望潘興能永遠擁有美軍史上最高軍階「合眾國特級上將（General of the Armies of the United States）」。馬歇爾的高尚精神受到美國民眾的好評，不過此事也就因此暫時擱置了。

　　然而在後來的戰事中，美軍陸續派出數百萬人次的部隊，組成動輒以十萬計的作戰軍團，這些部隊的確需要高階指揮官的駕馭。

另外，當美軍與英法等盟軍聯合作戰時，美軍統帥的軍階總是低於英軍。尤其為了這一點，美軍有必要設立四星上將以上的軍銜。

於是在一九四四年底，美國戰爭部長亨利·L·史汀生避開潘興的「合眾國特級上將」軍銜，提出高級軍銜：陸軍五星上將（General of the Army）、海軍五星上將（Fleet Admiral）和空軍五星上將（General of Air Force），並且聯合商議決定出五星上將的順序為：威廉·萊希（海軍）、喬治·馬歇爾（陸軍）、恩斯特·金恩（海軍）、道格拉斯·麥克阿瑟（陸軍）、切斯特·尼米茲（海軍）、德懷特·艾森豪（陸軍）、亨利·阿諾德（空軍）和小威廉·哈爾西（海軍）。

同年十二月十四日美國國會通過法案，批准這八位軍官被授以五星上將。但在當時，五星上將僅限於戰時使用的臨時軍階，直到一九四六年三月二十三日才又通過法案確立五星上將為永久軍銜，獲此殊榮的五星上將從此得以終身擁有此軍銜。

哈哈笑

考不好別叫我爸爸

考試的前一天，爸爸警告小明，考不好別叫我爸爸。
隔天小明回到家，爸爸問他：「考試考的怎樣？」
小明回答：「你是誰？管我這麼多！」

鳴放禮炮儀式的由來是什麼？

鳴放禮炮起源於英國。

十八世紀時，英國是頭號殖民帝國。為了表示對英國的尊重和臣服，英國軍艦駛過其他國家的炮台或駛入港口時，地主國必須向英軍鳴炮致禮。

同時，英國殖民主義者認為弱國與強國、殖民地與宗主國之間不能平起平坐，因此英軍鳴一聲禮炮，其他國家應鳴三聲。鳴放禮炮的習俗自此延續下來。

舉行盛大慶典鳴放禮炮的禮制各國不盡相同。比如：美國國慶日鳴放五十響，代表每州鳴一響。

還有，在迎賓儀式中鳴放禮炮，最高規格是二十一響，一般對象都是國家元首；其次是十九響，多為政府首腦而鳴放。

哈哈笑

換誰求誰

　　媽媽：「小明，男生要有骨氣，怎麼可以為了借電動玩具就跪下來求人呢？」

　　小明：「這有什麼關係？到時候就換他跪下來求我還他了。」

娘子軍就是女兵部隊的意思嗎？

　　娘子軍一定是指女子所組成的軍隊嗎？根據考證，最早獲得娘子軍稱號的並不是女兵部隊。

　　據《隋唐嘉話》記載，隋末李淵在太原起兵，他的女兒平陽公主招集了一批亡命之徒建立起一支軍隊響應，所招之兵全是男子，只因領兵主將是女子，才有「娘子兵」（或「娘子軍」）的說法。但這並不表示古時候無女兵。

　　《史記‧平原君虞卿列傳》中記載：「今君誠能令夫人以下編於士卒之間，分功而作……」以及《戰國策‧中山策》：「平原君之屬，皆令妻妾補縫於行伍之間。」

　　這裡所說的「編於士卒之間」、「補縫於行伍之間」的女子，就是指女兵。直到後來娘子軍才被用來泛稱由女子所組成的隊伍。

Trivia
21

為什麼常用「紅得發紫」來形容聲勢高漲？

　　中國人很喜歡紅色，認為紅色代表喜慶吉祥，把平步青雲叫「走紅」，受到重視的人叫「紅人」；形容一個人事業發展如日中天、地位顯赫還常說「大紅大紫」、「紅得發紫」。

　　為什麼要說紅得發紫呢？

　　因為在古時候，什麼人穿什麼顏色的衣服，是有明確規範的，比如：紫色是官位的象徵，只有三品以上官員才能著紫袍。

　　不僅在官場上如此，在佛家也受到這種制度的影響，以皇室所賜予的紫色袈裟為最高榮譽。

　　因為這些原因，後世人們就習慣用「紅得發紫」來形容一個人的聲勢如日中天了。

Trivia 22 是誰先規定一天工作八小時的？

　　最早對工作時間進行立法限制的是一八○二年英國所通過的《學徒健康與道德法》。

　　當時為了保護勞動工作者，尤其是未成年童工，而把工作時間限定在十二小時以內。後來因為歐美對勞工的剝削程度日漸嚴重，北美工人率先走上街頭抗議，要求八小時工作制。

Trivia 23 獨佔鰲頭的「鰲頭」是指什麼？

　　「鰲頭」指的是宮殿門前臺階上的鰲魚浮雕。每當科舉進士放榜時，狀元就站在此處迎榜，此後便用「鰲頭」來比喻獲得首位或第一名。

　　另外，科舉最後一關被稱為殿試，考中的就是進士，

進士中的第一名就是狀元。金榜題名的時候，在金鑾殿上點到狀元，理所當然出列後便站在最前面，也就是踩在地毯上的繡龍之首，因此叫「獨佔鰲頭」。

Trivia
24

為什麼漢朝分為「西漢」、「東漢」，宋朝卻分「北宋」、「南宋」？

歷史上有「西漢」和「東漢」，可是宋朝卻是「北宋」和「南宋」，這是為什麼呢？

其實所謂的西、東，北、南，都是後世史學家加上去的，原因是為了區分不同的歷史時期。

可是為什麼會先有西漢後有東漢呢？因為劉邦建立漢朝之後，首先定都於長安。

後來劉邦所建立的漢朝滅亡之後幾年，劉秀又重新建立國家，他是劉邦的後裔，因此國號也是漢，首都定於洛陽。史學家在研究時為了區分，便根據兩朝首都的方位加以區別。長安位於洛陽的西面，故劉邦所建立的漢朝就叫西漢，劉秀所建立的漢朝就稱東漢。

同樣的道理，宋朝最初的首都位於開封，而後來的

首都設立於杭州，於是史學家就分別稱為北宋和南宋了。

同樣的例子還有很多，比如：五代十國許多國家都有個後字，如：後趙、後燕、後蜀。這都是史學家為了區分戰國時期的燕、趙等國而加上去的。否則只說燕國，很難搞清楚指的是哪個時期的燕國。

所以說，東西南北只是後人為區分相同國號的朝代而加上的，在當時各朝代並無這些稱謂。

年號是指古時候封建社會中帝王紀年的名稱。最早的年號出現在西漢武帝劉徹統治的時期，劉徹即位之年（西元前一四○年），即為建元元年。或許漢武帝對自己的這一項發明非常滿意，在位五十餘年，前後總共使用過十一個年號。

自漢武帝以後，歷代帝王即位便大多立有年號。這個制度還影響了朝鮮、日本、越南等周邊國家。一般年號的意思多半代表國泰民安，繁榮昌盛等。

「改元」一詞中的「改」是更改的意思，而「元」

是指元月。這裡的元月，是指新皇帝登基第二年的元月。原來舊皇帝雖已退位，但年號一般仍然會順延至當年底。因此所謂的「改元」，其實是指更改皇帝即位以後隔年元月的年號。

Trivia
26
宰相為什麼又被稱為「中堂」？

　　早在唐朝時期就已經開始稱宰相為「中堂」了。《辭源》中說：「唐設改事堂於中書省，以宰相親領其事。」人們取中書省的「中」字和改事堂的「堂」字稱宰相為「中堂」。

　　到了宋時在中書內省設政事堂，為宰相的辦事機構，因而也稱宰相為「中堂」。於是，「中堂」一詞作為宰相的別稱，就這樣沿用下來了。

為什麼生意人又被稱為「商人」？

　　商朝為周朝取代後，商朝遺民失去土地，流離失所。他們流浪於各國之間，從事販賣貨物的活動。此後，人們就將從事貿易活動的人稱為「商人」，而「商業」、「商品」、「商旅」、「經商」等詞，後來也陸續產生。

　　但因為商業活動的最終目的是追求利潤，受當時社會風氣或政策的影響，經商自古便為主流道德觀所輕視，商人不但排在士、農、工、商的末位，還不得不頂著「商人重利輕別離」、「無商不奸」的世俗眼光生存。

　　商人在古時社會地位低下，連參加科舉考試的資格也沒有。甚至在秦代時期，從事商業活動會被視為有罪，要發配到邊疆去從軍的。這也是當時「重農抑商」政策的直接表現。

「太子洗馬」真的是為太子洗馬嗎？

　　「太子洗馬」是什麼官職？和馬有關係嗎？太子是未來的皇帝，身邊侍奉之人為什麼叫「洗馬」呢？「洗馬」這個官到底是幹什麼的呢？

　　事實上，這個職位早在漢代時就已設立。最早太子洗馬確實與馬有關，不過並非從事洗馬的粗活，而是太子太傅的屬官。太子洗（讀音為顯）馬，也就是「太子先馬」、「太子前馬」，意思是在太子馬前驅馳，是太子的侍從官，職位如同謁者祕書，職責是作為太子出行時的前導。

　　從晉代開始，太子洗馬的職務發生了變化，成為專掌東宮圖書的屬官。到了隋唐時太子洗馬有兩人，官職是從五品下，主要掌管四庫圖書的撰寫和編輯之類的工作。這個時候太子洗馬已經與馬沒有任何關係了。

　　事實上，太子洗馬官位並不高，但由於是未來儲君的心腹，在政治意義上有一定的作用，因此從秦至清一直都存在。

「丞相」和「宰相」是一樣的嗎？

「宰相」實際上是指一種制度，「丞相」才是實質的官名。宰相制度最早起源於春秋時期。管仲就是中國歷史上第一位傑出的宰相。

到了戰國時期，宰相的職位在各諸侯國間建立了起來。到了秦朝，宰相的正式官名就是丞相。

有時分設左右丞相，以右為上，宦官擔任宰相職務者稱為「中丞相」。

宰相制度到了明代被終結。

明朝廢除宰相制度以後確立了「內閣」這個稱呼，因文淵閣處在宮內，故名內閣。清承明制，也無名義上的宰相制度。

哈哈笑

我不是省油的燈

小明：「面試官！我都說大家公認我不是一盞省油的燈了，為什麼你還是不錄用我呢？」

面試官：「小明先生，不好意思，現在油價飆漲，講求的是節約能源，我們公司要的是會省油的燈啦！」

北京故宮為什麼又叫「紫禁城」？

北京的故宮又稱紫禁城，是過去皇帝、皇后和皇族所居住的內城。

古時候科學將星宿分為三垣二十八宿，位居三垣中央的就是紫微垣，當時人們相信這是玉皇大帝所居住的地方。

因為皇帝自詡為天子，所以生活的地方也必須以「紫」字為開頭，又因為皇宮嚴禁平民百姓靠近，故稱為「紫禁城」。

古時候官員也可以退休嗎？

　　古時候退休叫做「致仕」。至於退休的年齡，明朝以七十歲為準，清朝以六十歲為限。老弱病殘不能任事者，都可提前退休，這一點明清兩代都有明文規定。

　　明代的退休待遇分為兩種：一種是精神鼓勵，即官員退休時，皇帝對退休者頒發一項勉勵性的文告，亦稱誥敕，以表彰其在職時的功績。

　　另一種是，升官晉級或「冠帶」致仕，即以原品級為基礎，上升一等級或帶職帶薪退休。到了明憲宗末期，五品以上官員退休時會升官一級，但僅是代表一項榮譽而已，並無實際職務和權力。

　　到了清朝的時候，對於退休官員大都照原品級給予半俸，對國家有功的重臣則給予全俸，並對個別有突出功績的官員加銜加官。

　　明清兩代的退休官員雖都不再任職，但仍保有其原官職銜、頂戴及身份。如有違法者，仍予懲罰，降頂戴或革職銜。由此可以看出，退休制度從古時候時就已經形成了。

古時候公務員的上下班時間是幾點到幾點？

　　古時候的上下班時間和現代人的朝九晚五比起來要提前一些，目的是為了與農業社會的作息習慣相配合。

　　古人雞鳴即起的傳統，在春秋時代就已形成了。《詩經・齊風・雞鳴》中，妻子催丈夫起床：「雞既鳴矣，朝既盈矣；東方明矣，朝既昌矣。」意思是公雞已經叫了，上朝的時間都已經到了；東方已經亮了，上朝的已經忙碌了。這個時段為卯時，也就是早晨五至七時。

　　古時官員的所屬機關可分為中央和地方兩類。凡在中央各機關供職的官員，一定品級以上，或是有職務規定者，必須參加由君主親自主持的最高國務會議，通稱朝會。故京官上班的第一件事，便是「上朝」，亦稱「朝參」。此外朝會亦有大朝、常朝之分。

　　《梁書・武帝紀》裡有一篇梁武帝的詔書，其中就說：一切國務必須先在朝會上諮詢大家的意見，所以百官應該「旦旦上朝，以議時事，前共籌懷，然後奏聞」。

　　由此可見，除了法定的節假日外，朝會幾乎每天都要舉行。但倘若君主生病或怠政，那就是例外了。

 紫禁城內為何沒有路燈？

　　故宮也稱紫禁城，是明、清兩代的皇宮，面積達十二萬多平方公尺，城內院院相套宛若迷宮，不熟路徑者，即使白日也常走錯，更不用說夜晚了。可是紫禁城內卻不設立路燈，這是為什麼呢？難道是建造者的疏漏嗎？其實不是的。

　　早在明朝年間落成的紫禁城本來是有路燈的，到了明熹宗繼位，太監魏忠賢出任司禮監秉筆太監並職掌特務機關東廠，總攬朝廷大權。

　　魏忠賢及其爪牙，陰謀迫害忠良，經常在夜間出入紫禁城。他們做賊心虛，怕被人看見，便以「慎重火燭」為藉口，奏准盡廢紫禁城內路燈。

　　自此，紫禁城內便未再設路燈。清代因襲明制，紫禁城內仍不設路燈。這就是紫禁城近三百年歷史不設一盞路燈的原因了。

古時候官員上班遲到會怎麼樣？

古時候官員以「清、慎、勤」為基本原則。

「勤」是最起碼的要求，歷代典章制度中對於按時上班下班多有規定。如：《唐律疏議・職制五》有一條「官人無故不上（班）」的法令說，內外官員應上班而不到者，缺勤一天處笞二十小板，再滿三天加一等，滿二十五天處杖打一百大板，滿三十五天判處徒刑一年。倘是在軍事重鎮或邊境地區供職的「邊要之官」，還要罪加一等。

《唐律疏議・職制四》中，還有一條點名考勤的法令和解釋，大意是：內外官吏應點名檢查實到人數，有時一天數次，頻頻點名。點名時未到的，每缺一次笞打二十小板。如果每次點名都不到，就計算天數，並按無故不上班的罪名處罰。

由此可知，古時候官員上班遲到，受到的懲罰可比現在嚴重得多。

Trivia 35 古時候的縣長為什麼被稱為「知縣」？

　　「知縣」中的「知」字，是管理、主持的意思。

　　知縣就是管理、主持一縣的政事的官。《左傳》中的「子產其將知政矣」，就是說子產將要主持政事了。

　　另外，在《宋史‧蘇軾傳》中，記述蘇軾是「知徐州」、「知湖州」、「知杭州」，就是指蘇軾去主持徐州、湖州、杭州的政事，擔任這些州的知州。自唐宋以後，知州、知縣、知事（知縣又稱縣知事），也都是這個意思。

宰相觀見皇帝有特權嗎？

　　古裝劇中，皇帝召見大臣時，一般是皇帝坐著，大臣們站著。那麼宰相位高權重，有沒有什麼不同的待遇呢？

　　實際上，在唐朝的時候，皇帝的權力受到控制，較難專權，有所謂「三公坐而論道」，即宰相有座位，並得賜茶的傳統。

　　但是這種優待到宋朝就沒有了，原因就是宋代皇帝的權力比唐代大，而宰相的權力則相對縮小了。

　　在唐代時，政令由宰相草擬後，奏請皇帝批准，由尚書執行。

　　但到了宋代，則是宰相按照皇帝的意思草擬政令，宰相變成了皇帝的祕書。

　　所以唐朝以後的宰相，在見到皇帝的時候也只能站著，沒有特殊待遇了。

 哈哈笑

 題目不難

　　有一天，小明在學校考試回來，媽媽就問：「考試題目難不難？」

　　小明說：「題目不難，但答案很難。」

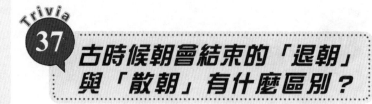

Trivia 37 古時候朝會結束的「退朝」與「散朝」有什麼區別？

　　對於參加早朝的官員來講，退朝就表示上班時間告一段落，接下來便是準備吃飯，故退朝又叫「退食」。《詩經·召南·羔羊》有「退食自公」一語。從唐代起，京朝官員在退朝後，都可在宮內飽餐一頓由皇帝「做東」所賜的「朝食」。

　　至於「退朝」與「散朝」，又有微妙區別。散朝已將吃朝食的過程也計算在內了，所以到了散朝的時候，多半已是中午。故《壽王左丞》詩云：「焚香鳳閣春開宴，鳴玉龍墀午散朝。」

「紈絝子弟」最初是什麼意思？

「紈袴」二字都和衣服有關係。

「紈」是白色的細絹，「袴」是褲子，袴即細絹做成的褲子，代表華麗的衣著。而紈袴子弟，即穿著華麗的富家子弟。

此語一開始並不含貶義，後來才被用來指那些依仗權勢、橫行霸道、為所欲為的富家弟子。

Part 4

為什麼北極沒有企鵝？
——現在才知道的地理大發現

為什麼海水是藍的？

天空是藍色的，因為氧原子核中，質子的振動頻率與陽光中藍色光的振動頻率相同，振幅疊加使得氧原子顯現藍色，因此天空便會呈現出藍色。但這個原理與海水是藍色的有什麼關係呢？

海水的基本成分是水，水分子是由兩個氫原子和一個氧原子組成的。前面說到氧原子核中，質子的固有振動頻率與陽光中的藍色光頻率一致，振幅疊加才使得氧原子顯現出藍色。而氫在氣態和液態時都是無色的，若是固態的氫則會呈現白色雪花狀。雪花狀的固態氫因為有著多個結晶面，每個結晶面都具有反射光線的能力，使得固態氫看似白色，因此所謂白色的固態氫，也可以理解成無色。這個道理就好像水是無色的，而雪花是白色的一樣。

水分子既然是由兩個氫原子和一個氧原子組成的，藍色的氧與無色的氫疊加在一起，當然會顯現藍色，所以海水便會呈現藍色的樣子了。

海水中的鹽來自何處？

　　大家都知道海水是鹹的，可是科學家們認為，海水並非一開始就是鹹的。由於地球上的水會不停地循環，據統計，每年從海洋表面蒸發的水分有1.25億噸之多。

　　這1.25億噸的水，又會變成雨降落到陸地上每個角落，在過程中不斷地破壞岩石，沖刷土壤，把岩石和土壤中的可溶性物質（絕大部分是鹽類物質）帶入江河，最後江河百川回歸到大海。

　　就這樣，海洋源源不斷地從陸地上得到鹽類物質，但在海水的蒸發過程中，這些鹽類卻不能隨水蒸氣升空，只能留在海洋裡。

　　如此周而復始，日積月累，海洋中的鹽類越來越多，經過幾百萬年甚至更長的時間之後，海水中累積起來的鹽分就十分可觀了。

　　既然海水中含有這麼多鹽分，而且還在不斷地從陸地獲得鹽類物質，那麼海水是否會越變越鹹？會不會將所有的海洋生物都鹹死呢？

　　根據科學家們的研究發現，陸地可溶性物質不斷進入海洋，達到一定濃度後，便會互相結合成不溶性化合物，沉入海洋底部。就像明礬能沉積水中的雜物那樣，

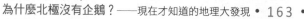

使海水變清徹。

還有一些物質雖然本身是可溶的，卻會與海底的物質結合起來。同時，許多物質還會被各種海洋生物所攝取，海洋生物死去之後，這類物質就會隨屍體沉入海底。

此外，狂風巨浪也會把海水捲到陸地上，海水中溶解的鹽分也隨之上岸，這也是鹽分回歸陸地的途徑之一。

Trivia 03　大海的水來自哪裡？

海洋總面積占了地球表面近3/4，地球總水量中就有96.53％是海水。海水可說是地球上水的主體。那麼，海水從何而來呢？

科學家對此觀點不一，其中一個說法是這樣的。水原本就是地球上存在的物質，地球從原始太陽星雲中凝聚而成以後，便攜帶了這部分的水。

起初水是以結構水、結晶水等形式存在於礦物與岩石中。由於地球重力的作用，岩石彼此相互擠壓，在地下被擠壓出的水汽越積越多，不斷聚集匯合，使新生地球發生大規模的地震，引起猛烈的火山爆發。

這時，受到擠壓的大量水汽隨著地震及火山爆發從

地殼中呼嘯而出，進入空中遇冷凝結，先變成雲，再變成雨降落到地面，彙集到原始的窪地中，形成最早的江河湖海。

04 火山可分為哪幾類？

火山有很多種，根據活動情況可以分為死火山、休眠火山和活火山三大類。活火山指現在尚處於活動中或有週期性噴發活動的火山，這類火山正處於活動的旺盛期。如：爪哇島上的默拉皮火山，自本世紀以來，平均每隔兩年就會持續噴發一段時間。

臺灣的大屯火山群主峰為七星山，過去被認定為休火山，但因目前已知最後一次活動可能在5000年前，符合國際火山協會「活火山」的定義。至於大陸，僅1951年在新疆崑崙山西段于田的卡爾達西火山群有過火山噴發記錄。

休火山是指有史以來曾經噴發過，但長期處於相對靜止狀態的火山。此類火山大都保存著完好的火山錐狀態，仍具有活動能力。比如：中國長白山的天池，曾於1327年和1658年兩度噴發，在此之前還有多次的活動記

錄。目前雖然沒有噴發活動，但從山坡上的噴氣孔中不斷噴出高溫氣體來看，該火山仍處在休眠中。

死火山指史前曾噴發過，但在人類有史以來從來沒有活動過的火山。此類火山因長期沒有噴發，已喪失活動能力。有的死火山仍保持著完整的火山形態，有的則因為風化侵蝕，只剩下殘缺不全的火山遺跡。

Trivia 05 為什麼海水不容易結冰？

北緯30度以北的湖泊，冬天多半會出現結冰現象。但是北緯60度以南的海面上幾乎很難見到結冰的海面，可見海水若要結冰，比淡水要困難得多。

首先，因為海水含鹽度很高，這一點使得海水的冰點降低。淡水的冰點是0°，若是含有10%鹽度的水，冰點則會降為$-0.5^{\circ}C$；而含35%鹽度的水，冰點則是$-1.9^{\circ}C$。地球各大洋的平均鹽度為34.48%，因此海水的冰點大約就在$-1.9^{\circ}C$左右。

其次，純水在$4^{\circ}C$時密度最大，而海水的密度則會隨鹽度增加而降低。密度降低的速度比冰點隨鹽度增加而降低的速度快，所以當海水達到冰點時，密度多半尚未

達到最大的程度，因而海水的對流作用並不停止，使得海水結冰的過程更加困難。

此外，海洋受洋流、波浪和潮汐的影響很大，這些因素一方面加強了海水的對流作用，一方面也使得冰晶難以形成。

以上種種，都不利於海冰的形成和發展。而且海洋難於封凍這一點，對世界氣候大有好處，能夠使得氣候更加溫暖濕潤，適於生物的生存。

Trivia 06　世界上哪個國家沒有河流？

水是構成生命的三要素之一，但並非世界上所有的國家都有河流喔。

所謂的「無流七國」，即沙烏地阿拉伯、阿聯酋、卡塔爾、阿曼、葉門、土耳其、科威特。這七個國家境內連一條河流都沒有，所以又被稱為無流國。分佈的區域就在西亞和北非，屬熱帶沙漠氣候。

為什麼海水總是那麼滿？

　　海洋一年四季都是波濤洶湧，為什麼水量總是沒少過呢？

　　原來，海水有一個永恆循環的過程，每年從海洋上蒸發到空中的水量可以達到447,980立方公里，這些水之中大部分直接落回海洋，極少部分則是降落在陸地上，又從地面或者經過地下流回海洋。如此循環往復，所以海洋裡的水總是那麼滿。

海和洋是指同一回事嗎？

　　海和洋在形態和特徵上都有許多不同之處。洋是指海洋的中心部分，海則是海洋的邊緣部分。

　　洋的面積比較大，水也比較深；洋的水呈藍色，而海的水並不見得都是藍色；洋有獨立完整的洋流系統，而海則幾乎沒有。

此外，洋的鹽度和透明度幾乎不變，海的鹽度和透明度則會隨季節變化而變化。所以，海和洋是不一樣的。

Trivia
09
天氣悶熱是因為氣溫高的關係嗎？

每年一到伏天節氣，人們便感到天氣非常悶熱，許多人認為這是氣溫升高的原因所致。其實，天氣悶熱不僅和氣溫有關，還與空氣相對濕度有關。

經過氣象學家們測定證實，當氣溫在$30^{0}C \sim 35^{0}C$之內，空氣相對濕度在33%～35%之間，這時體感溫度還在人類可忍受的範圍之內，不會感到悶熱。但是，當氣溫依舊保持在$30^{0}C \sim 35^{0}C$，而空氣相對濕度卻更大之後，體感溫度便會有悶熱的感覺了。

這是因為當空氣相對濕度大到一個程度之後，汗腺會變得難以排汗。在汗液的蒸發散熱過程遲緩的條件下，人們就會覺得悶熱難忍。

所以在防暑工作中，不僅要注意氣溫的高低，還要關注空氣的相對濕度。

立春就表示春季開始的意思嗎？

　　春天是個鳥語花香的季節。春神腳步走過的地方，冬天的蕭條都會一掃而空，顯得生機盎然。每年2月4日左右是二十四節氣中的立春，按照民間的習慣，立春表示春季的開始。

　　但是全世界幅員遼闊，各地所處的緯度、距離海洋遠近、地勢高低、和受大氣環流的影響都不同。因此，各地區春季開始的時間，並不都是以立春為準。

Trivia
11 為什麼山間會出現瀑布？

　　山谷間有許多或大或小、或高或低的瀑布。這是為什麼呢？瀑布大都是出現在山間峽谷地形，若是在地質構造穩定、地形變化不大的地區，一般不會出現瀑布。瀑布的成因並不相同，大多數瀑布是因為河床底部岩石質地不同，在河水長期流經侵蝕之下造成的。

　　較堅硬的岩石受到水流沖蝕的程度較小，但較鬆軟的岩石則會因沖蝕而改變形狀，使得河道中的水流落差增大。在河水不斷翻滾侵蝕之下，落差越變越深，此時河水流過，就形成了瀑布。

　　另外有些瀑布的成因則是河流流經的區域本身地勢高低變化就很大，如：高原、山地等，地形支離破碎，河床就會像台階一樣，一級一級地落下。河水穿流在這樣的地形中，自然會出現一個又一個的瀑布。

　　世界著名的大瀑布很多，如：美國和加拿大之間的尼加拉瓜大瀑布，非洲尚比亞和辛巴威之間的維多利亞瀑布，都很有名。

12 黑海是海嗎？

黑海位於歐亞大陸之間，長1200公里，平均寬320公里，海岸線總長7000公里，面積達到37.1萬平方公里。在地圖上的形狀就像一個大大的「S」。

人們把黑海稱為「海」，是因為它過去確實是大海的一部分，後來因為地殼變動的關係，才和大海分離，成為現在的樣子。此外，黑海也具有許多海的特徵，比如：水深面積大；水中動植物種類跟海洋裡的動植物差不多；常有與海一樣的狂風巨浪。因此，在人們的印象中，黑海就是海，是一個內陸海。

只是這座內陸海在接近海面的地方鹽度較小，這一點阻止了上下水層的交換，使得深層海水嚴重缺氧。這個缺氧的海洋系統，只有厭氧的微生物可以生存。

哈哈笑

誰有病

一個精神病人不承認自己有病。

醫生跟他說：「通常有病的都不會說自己有病。」

病人：「那醫生你有沒有病？」

醫生：「我沒有。」

Trivia
13

為什麼有的地方「久旱盼太陽」？

　　有一句老話叫做「久旱逢甘霖」，意思是說在天旱的時候，人們特別盼望降雨，滋潤大地，解除旱象。但是有一個地方的人非常特別，在天旱的時候，他們不但不渴求下雨，反而希望出現更火熱的太陽。這個奇特的地方就是新疆的南疆地區。

　　原來在南疆遇到天旱時，主要水源就是高山融雪滲入地下而成的地下水。所以這兒的人們在天旱時總是盼望太陽再大一點，以增加積雪融化的量。

Trivia 14　成年人還可以再長高嗎？

　　青少年時期正是身體發育成長的時候，一般到了成年就不會再長高。奇怪的是，有個地方叫馬提尼克島。

　　島上的居民都長得很高，從別處來此旅遊的遊客，只要在島上住過一段時間，身形也會長高幾公分。所以，這座島被人們譽為「能使人長高的島」。

　　如果說小島居民們的身高與他們長時間接觸當地的水土有關，那麼來到島上旅遊的外地成年人在此居住過一段時間後也會長高，這一點就更令人驚奇了。

　　這對部分總是覺得自己不夠高的人來說，顯然是個「福音」。因此，馬提尼克島每年都吸引了無數的遊客前往。

　　若是有矮個子來到這個島，總是希望能夠住上一段時間，看能不能長高幾公分。人們戲稱馬提尼克島為「矮子的樂園」。

Trivia 15 世界上最冷的地方在哪裡？

　　就地球上有人類居住的地方而言，最冷的地方是在俄羅斯西伯利亞東北部的維爾霍揚斯克和奧伊米亞康地區。

　　此地全年平均氣溫在-15°C左右，冬季三個月的平均氣溫是-40°C左右，一月份最低溫度更達-70°C。

　　這兩個地區之所以如此低溫，起因於緯度和地形的關係。

　　因為這兩個地方都處於谷地，東、西、南面都被山脈包圍，所以暖空氣都被擋在外面，而北面朝向北冰洋敞開，冷空氣從北面長驅直入致使這兩個地方的氣溫特別低。

　　然而單就溫度而言，真正世界最低溫應屬冰封的南極洲，量測最低溫度達到-90°C左右。

考試

老師說：「今天考試十分簡單！」

同學說：「YA！老師萬歲！」

老師又說：「但是，其他九十分很難……」

為什麼夏天比較常看見彩虹？

雷雨過後，夏季的天空中常常會出現美麗的七色彩虹，彩虹是太陽光透過水氣發生折射與反射引起的現象。

夏天雷陣雨的時間多半不長，範圍也不大，有時甚至太陽還掛在天空中。當太陽光經過水氣反射和折射後，彩虹便出現了。

而冬天天氣較寒冷，空氣相對乾燥，陽光也較少出現，所以形成彩虹的條件相對較為不足。

46億年前，地球表面被經過分解的岩石物質所覆蓋，形成一層柔軟的「陸地」。

又過了幾億年，從地球內部噴發出來，並把地球包裹起來的水蒸氣以鹽酸水的形式慢慢積存在陸地上相對凹陷的地方，形成地球上最初的「海洋」。所以陸地較海洋早出現。

40多年來，科學家們一直都是用精確的雷射測距儀來測定月球和地球之間的距離，兩者的平均距離增加了約1.5公尺，表示月球正在以每年約3.8公分的速度遠離地球。原因正是地球的自轉速度正在逐漸減慢中。

地球的組成不完全是固體，地幔中存在著液態和半

液態物質，地殼上方則有水和空氣。這些物質的型態較為「自由」，地球帶動這些物質旋轉，肯定會產生摩擦，這種摩擦力就會消耗地球的旋轉動能，使地球自轉速度變慢。

潮汐是地球自轉變慢的最主要原因，它和月球引力有很大關係。根據平衡潮理論，如果地球完全由等深海水所覆蓋，用萬有引力計算，月球所產生的最大引潮力可使海平面升高0.563公尺。

換句話說，月球每天都在吸引著海水摩擦地球，讓地球的轉速變慢。這就好比用抹布擦拭旋轉中的地球儀，並使地球儀的轉速變慢的道理一樣。

根據大約5億年前二枚貝類化石上的條紋，科學家發現，那時候地球一天只有21小時，1年約有410天。

根據角動量守恆定律，在沒有外力的作用下，一個旋轉系統的動量總和是不變的。

另外如果月球和地球距離不變，地球旋轉速度降低就會使得整個系統的動量無法守恆，所以月球一定會遠離地球。

Trivia 19 為什麼西伯利亞的房子屋頂都是歪斜的？

聽到西伯利亞，大家的第一個印象就是白雪皚皚。

因為這裡地處高緯度的寒帶地區，月平均氣溫在-45°C以下，最低還曾達到-71°C，下雪可是稀鬆平常的事情，積雪高度甚至可能使人寸步難行。

那麼，這麼多的雪若是積在屋頂上，想必頗有重量。

就像經常下雨的區域，房子屋頂一定會留有排水設備一樣，在西伯利亞這樣經常下雪的區域，屋頂當然也必須設有排除積雪的機制，以免雪過重把房屋壓垮。

於是便逐漸發展成斜斜的屋頂，當積雪達到一定重量之後，就會自然掉落到地上。

這就是西伯利亞房子屋頂總是蓋成斜斜的原因。

安全帶

空姐向乘客廣播：「各位女士，先生，請扣好安全帶。飛機馬上就要起飛了。」飛機起飛後，喇叭裡又傳來空姐的聲音。「請將安全帶再扣緊一些。很抱歉，今天的早餐，我們忘記裝上飛機了。」

世界財經報導曾經研究過世界上最危險的道路分別如下：

玻利維亞的雲駕路，又被當地人叫做死亡之路。這條路位於玻利維亞的安地斯，全長約70公里，下方是800公尺的深淵。這條路上幾乎每兩個星期就會發生一起交通事故，每年大約有200人因此而喪生。

另外就是中國大陸太行山上的郭亮隧道，隧道壁闢有約30個大小形狀不同類似山洞形狀的側窗，從側窗向下看就是懸崖峭壁。

另外中國大陸華山的長空棧道，是登山健行最危險的步道，只要看過電視介紹的人，一定會震懾於其壯麗及刺激。

還有位於俄羅斯的西伯利亞路。這條路之所以入榜，並非其地勢險要，而是因為極度的泥濘難行。有人形容這條路到了雨季，幾乎可以「吞下」各種汽車。

Trivia
21

地球每年總共會發生多少次地震？

地球內部的構造很複雜，簡單而言從地表到地球中心，主要可分為地殼、地幔、地核三個圈層。地震起因於地球內部緩慢累積的能量突然釋放，連帶引起地球表層的振動。

其實，地震有大有小。平均而言，全球每年大概會發生十幾萬次的地震，幾乎每4分鐘左右就發生一次。絕大部分地震都比較小，7級以上的大地震平均每年大約會出現30次左右。

聽說在馬德里連空氣中都飄著古柯鹼，真的嗎？

　　如果有人告訴你馬德里連空氣中都飄著毒品，你會有什麼樣的反應？

　　在西班牙，長久以來都面對著空氣污染的問題，根據科學家研究發現，這個國家上空所漂浮的物質裡不僅有煙霧，居然還有毒品。

　　在馬德里和巴賽隆納的空氣品質檢測站發現，這兩個城市的空氣中除了含有古柯鹼外，還含有鴉片、大麻及搖頭丸。

　　這些資料取樣的地點，多半來自販毒比較嚴重的地區。

　　但是打算去西班牙旅遊的遊客其實無須擔心，因為即使我們能活1000年，經由呼吸空氣所攝入的毒品劑量，也是小到幾乎可以忽略的。

Trivia 23 龍捲風旋轉的方向是隨機的嗎？

龍捲風都是朝著同一個方向轉動的嗎？

如果不是，那麼它跟什麼有關係？

是否南北半球旋轉的方向不一樣？

龍捲風是一種強烈的、小範圍的空氣漩渦，在極不穩定天氣條件下，因為空氣強烈對流運動而產生的。

由於地轉偏向力（就是科氏力沿地球表面方向的一個分力）的影響，龍捲風在北半球是逆時針旋轉，到了南半球則是順時針旋轉的。

但是龍捲風基本上只會發生在北美洲，尤其在美國境內，所以當地的龍捲風都是逆時針旋轉的。

哈哈笑

稀　物

服務生：「請結帳！」

顧客：「天哪！怎麼兩個煎雞蛋就一百元！難道這兒的雞蛋就這麼稀罕嗎？」

服務生：「不，先生！這兒稀罕的不是雞蛋，而是顧客！」

世界上最缺水的國家是哪個國家？

　　據統計，目前世界上最缺水的國家有20個。在最缺水的國家中，馬爾他每年每人平均可用水量只有82立方公尺，其缺水程度位居缺水國家之首。

　　若是以聯合國的人口預測為基礎，西元1995年位居第四大缺水國的利比亞，到了西元2050年將躍升缺水國家之首，每年每人平均可用水量僅有31立方公尺。

　　屆時，人口增長速度不那麼快的馬爾他，則會退居第四大缺水國，預測平均可用水量為68立方公尺。

Trivia 25 世界上的「風極」在哪裡？

　　南極的維多利亞地區有一個巨大谷口，一年365天中，天天都是狂風怒吼。

　　那裡年平均風速為每秒19.4公尺（相當於8級大風，小樹枝被吹折，步行不能前進）。

　　有時突然刮起的狂風風速更是大得驚人，每秒可達90多公尺，換算即每小時324公里（可達到中度颱風標準的風速，每小時也只有117公里）。

　　上千公斤重的物體，在這樣巨大的風速下也會被吹到空中亂舞。因此人們稱之為世界的「風極」。

Trivia
26 為什麼北極沒有企鵝？

　　北極和南極的氣候同樣酷寒，但北極為何沒有企鵝呢？實際上很久以前，「北極大企鵝」也曾在北極生存過，只是現在已經滅絕了。

　　「北極大企鵝」身高60公分，頭部為棕色，背部羽毛呈黑色。它們生活在斯堪第納維亞半島、加拿大或是俄羅斯北部的海流地區，以及所有北極和亞北極的島嶼上，數量曾有幾百萬隻之多。

　　大約1000年前，北歐海盜發現了大企鵝之後，便是大企鵝厄運的開始。到了16世紀之後，北極探險熱興起，大企鵝更成為探險家、航海者以及當地土著居民競相捕殺的對象。長時間狂捕濫殺的結果，導致北極大企鵝滅絕。

　　如今在南極一帶生活的企鵝，其祖先管鼻類動物是從赤道以南的區域發展起來的。

　　科學家推測，企鵝之所以沒有向北挺進到北半球的原因，可能是牠們忍受不了熱帶地區的溫暖海水。牠們的分佈範圍最北界與年平均氣溫20℃線非常一致，足以證明溫暖的赤道水流和較高的氣溫形成企鵝無法北遷的天然屏障。

Trivia
27
中國大陸的中心在哪裡？

　　中國大陸的中心就在蘭州市附近，已經緯度而言，約在北緯36度、東經105度的地方。

　　但是若將海洋範圍也囊括進來計算的話，中國大陸的幾何中心位置應該位於西安市以北約60公里處。

哈哈笑

吹　牛

　　有四隻螞蟻在吹牛，第一隻說：「我每天都要去游泳，從沒溺水過！」

　　第二隻說：「我１天不被人類打就渾身不舒服！」

　　第三隻說：「我每天都要喝一罐殺蟲劑！」

　　第四隻說：「時間不早了，我要回家陪我的食蟻獸了……」

世界上最乾淨的城市是哪裡？

　　冰島雖然地處高緯度地區，卻並非所有的地方都是冰天雪地。冰島首都雷克雅維克就是一個冬暖夏涼、氣候宜人的地方。

　　這樣的氣候除了北大西洋暖流的影響外，更主要的是那裡的地熱資源豐富，溫泉密佈，升騰的熱氣嫋繞空中。

　　「雷克雅維克」的本意，就是指冒煙的港灣。

　　生活在那裡的人們，充分利用大自然所賜予的資源，從沐浴、取暖到暖房種植都依賴著地熱。

　　雷克雅維克因以地熱代替燃煤，而被譽為「無煙城市」，少了燃煤的汙染，被譽為全世界最乾淨的城市。

哈哈笑

請假

　　一職員已兩天沒上班了，當他第三天來到公司時，老闆抱怨說：「你這兩天幹什麼去了？」

　　職員答道：「我不小心從三樓窗戶跌到大街上了。」

　　老闆氣衝衝責問：「從三樓跌下去要兩天嗎？」

Trivia 29

「國際會議之都」在哪裡？

　　由於每年在日內瓦召開的國際會議最多，所以日內瓦又被稱作「國際會議之都」。

　　日內瓦可能是國際組織最多的城市，其中又以萬國宮最為有名。它是聯合國的前身——國際聯盟的所在地，現在則是聯合國駐歐洲辦事處，也是世界各種會議的中心。萬國宮的會議大廳世界聞名，大廳的門廊用芬蘭花崗岩建成，柱子和牆面用的大理石則是來自瑞典。

Trivia 30

地球正在「發胖」嗎？

　　第一顆人造衛星發射後不久，科學家就發現到地球並不是一顆標準的球體。地球的赤道周長略大於兩極周長，這個差異約為0.3%。簡單而言，地球可說是個水桶腰。

　　但其實地球已經減肥減了18000年了，在1980年代曾

經利用人造衛星對地球進行更精確的測量，發現地球變得更圓了。那是因為自冰河期以來，兩極的冰帽不斷融化，使極地從千年的重壓下釋放出來，導致地層逐漸升高的關係。

然而，到了1998年美國科學家宣稱，最近4年來，這個減肥過程出現了逆轉。這是一個神奇的現象，如果有物質正被重新分配流向赤道，這些物質又是從何而來？

科學家猜測，可能是地球變暖冰帽融化，因為赤道的作用使得大量海水流向赤道地區，導致地球腰圍加粗。也有研究者認為，是因為地球金屬核運動的關係。地球磁場每十年都會產生一次劇烈的變化，發生在1999年的那次就可能導致液態金屬由兩極轉移到赤道。

雖然目前無法斷定導致地球發胖的具體原因，但是可以肯定的是，地球的半徑很可能存在著波動性的變化。科學家認為這是自然環境長期變遷的現象之一，這樣的變化很可能是周而復始的。

世界上最熱的地方在赤道上嗎？

　　很多人認為赤道是世界上最熱的地方，其實世界上有許多地方，例如中國大陸的塔克拉瑪干沙漠和非洲的撒哈拉大沙漠，白天的最高溫度都超過45ºC。為什麼赤道地區獲得太陽的光熱最多，卻不是最熱的地方，而某些沙漠遠離赤道，氣溫卻比赤道更熱呢？

　　原來，赤道地區大多數都為海洋所佔據，廣闊的赤道洋面，能把太陽的熱量傳引至海洋深處。因為海水的熱容量大，水溫升高比陸地慢；且海水蒸發必須耗去大量的熱能。因此，赤道的溫度並不會急劇上升。

　　但是到了大沙漠，情況就不同了。沙漠裡植物很少，水更是不常見到。光禿禿的一片沙地，熱容量小，所以升溫快。而且沙地傳熱慢，熱量很難向下傳遞。再加上缺水，少了水的蒸發耗散作用，在太陽的照射下，沙漠裡的溫度上升得非常快，就成為地球上最熱的地方了。

Trivia
32

北極和南極一樣冷嗎？

　　南極的溫度要比北極冷一些，這是什麼原因呢？由於地球的南北極比地球的中低緯度地區接受的日照少，因此南北極相對來說比較冷。而且在南北極，太陽升起的高度從來就沒有超過地平線23.5度，並且每年都要經過6個月的永夜時期。

　　除此之外，大多數的太陽光到達兩極後，就又都被兩極的冰層反射回去了。但是既然同樣位於地球的兩極，緯度也都是極南與極北，太陽照射的時間長短和角度也一樣，為什麼南極的冰卻比北極多。

　　在北極地區，北冰洋就占了很大面積，約1310萬平方公里。水的熱容量大，能夠吸收較多的熱量再慢慢散發出來，所以北極地區的冰比南極少，冰川的總體積只有南極的1/10，而且大部分的冰都是積存在格陵蘭島上。所以，對比於南極大陸終年被冰雪覆蓋，太陽的光和熱都被折射回去，北極地區由於海水吸收了太陽的熱量，所以溫度會比南極高。

Trivia 33　地球上空平均每秒發生多少次閃電？

　　古代人認為閃電是一種很神聖的東西。隨著科技的進步，我們對閃電已經不再陌生，但是你知道地球上空每秒會發生多少次閃電嗎？

　　據科學家測算，平均每秒鐘會發生100次閃電，這還只是會擊中地面的閃電。任何一分鐘裡，圍繞著地球共有1000多次雷暴，引起6000多次閃電，大部分都是發生在雲層裡。

Trivia 34　地球南北極磁極曾互換過嗎？

　　科學家們研究海底熔岩發現，過去的7800萬年中地球磁場共出現過171次倒轉。

　　在熾熱的岩漿中含有數以萬計的礦物質，這些礦物

質就好比一個個「小指南針」。當岩漿冷卻後，這些「小指南針」就會被固定住不再發生變化。這些礦物質的「南北極」指向，就記錄了當時地球磁場的方向。

根據研究指出，地球磁場平均每50萬年翻轉一次，而最近一次的翻轉就發生在78萬年前。

Trivia 35 距離地心最遠的地方是珠穆朗瑪峰嗎？

如果從海拔高度來看，地球上最高的山當然是喜馬拉雅山的珠穆朗瑪峰。但是，如果計算從地心到峰頂的距離，那麼地球上的最高點並不是珠穆朗瑪峰，而是南美洲厄瓜多爾中部的欽博臘索山。這是因為地球並不是一個正圓球體，而是一個橢球體的關係。所以距離赤道越近，地表離地心的厚度就越大。

欽博臘索山雖然海拔高度只有6,272公尺，但是因為這裡離赤道很近，從頂峰到地心的距離是6,384.1公里。而珠穆朗瑪峰雖然海拔高度達到8,848.13公尺，但因為距離赤道較遠，頂峰到地心的距離只有6,381.949公里。因而，欽博拉索山是地球上距離地心最遠的地方。

為什麼大陸板塊的形狀都是三角形？

　　大陸板塊的輪廓形狀是由大陸的地形地勢而決定的。而大陸的地形地勢則是因為地質構造運動形成的，板塊間相互作用，造成地形隆起或張裂凹陷，各種作用力間相互影響之下，就必須尋找能量釋放的方向，於是就形成了尖角狀。

　　全球海陸的分佈有著如下特點：首先，陸地主要集中在北半球，約占北半球總面積的2/5，而南半球的陸地面積只占1/5。在北半球的中高緯度地區，陸地分佈幾乎連續不斷，最為寬廣；而南半球的陸地在中高緯度地區則顯著收縮，南緯56°～65°之間除一些島嶼外，幾乎全部都是廣闊的海洋。但在北半球的極地則是一整片的北冰洋，南半球的極地卻是一整塊南極大陸。

　　其次，各大陸的形狀都是北寬南窄，略呈倒三角形。除南極大陸外，所有大陸都是南北成對分佈：北美與南美、歐洲與非洲、亞洲和澳大利亞。每對大陸之間，形成範圍廣大的陸間海，島嶼星羅棋佈。

　　另外，歐亞大陸東部邊緣有一連串島嶼群環繞，形成向東突出的島弧，其外側則是一系列深邃的海溝。大

37 青藏高原正在漂移嗎？

青藏高原是固定不動的嗎？答案是否定的，青藏高原正在漂移。

印度板塊和亞洲板塊的碰撞大約從距今7000萬年前開始，形成了今天的青藏高原。青藏高原平均海拔4000～5000公尺，被譽為世界「第三極」，至今仍在活動之中。

英國《自然》雜誌刊登了一項國際研究成果，稱青藏高原腳下藏有神祕暗湧，正推動青藏高原緩慢向東漂移。

哈哈笑

要笑三小時

今天奶奶去看醫生，醫生開藥後說：「藥效三小時。」

回去後，小明看到奶奶一直笑，於是問：「奶奶，你為什麼一直笑？」

奶奶說：「醫生要我笑三小時，我才笑了兩小時而已。」

Trivia 38 北回歸線是會移動的嗎？

　　一般人都認為，地球上的南北回歸線是靜止不變的，但科學研究證明，北回歸線正在逐年南移，每年約南移14公尺。北回歸線為何會逐年南移呢？

　　地球的自轉軸並不是正的，而是與公轉軌道面呈約66.5度的夾角，這個夾角稱為黃赤交角。所以太陽直射地球的位置，並不一定都在赤道上，而是一段時間逐漸往北半球移動，一段時間逐漸往南半球移動。

　　所謂回歸線就是指太陽光分別在南北半球所能夠達到離赤道最遠的點，這些點連接起來的假想線，便叫做北回歸線或是南回歸線。

　　天文學家發現，由於黃道和赤道平面受到各種天文因素的影響，黃赤交角也會隨之發生微小變化，所以南北回歸線的位置並不固定。以北回歸線為例，每年就會往南移0.47秒，約14公尺。並且南北回歸線的移動是有週期性變化的。

火焰山真的存在嗎？

在《西遊記》裡，唐僧師徒四人前往西天取經，路過可怕的火焰山。後來，孫悟空借來鐵扇公主的芭蕉扇，才撲滅了火焰山的大火。火焰山只是神話傳說而已嗎？

據專家們考證後發現，火焰山在歷史上的確曾經在新疆吐魯番附近存在過，也就是現在被稱為火焰山的褐紅色山脈。

這座山為什麼會被認為就是火焰山呢？原來在吐魯番窪地裡面蘊藏著豐富的煤層。由於氣候乾燥，加上烈日烘烤，使得盆地中心的沙漠溫度不斷上升，終於引起地下煤層瓦斯爆炸，連帶引燃了煤層，使的地下烈火熊熊燃燒。白天濃煙滾滾，夜晚火光沖天，形成壯觀的火焰山，就像《西遊記》故事中的火焰山一樣。

鬼故事書

小明買了一本鬼故事書，售價兩百元。老闆還說不可翻到最後一頁，否則太可怕了。

小明回家的時候終於看到最後一頁，上面寫著建議售價五十元……

紅海為什麼叫做紅海？

　　紅海地區的氣候炎熱乾燥，海水蒸發強烈，使得紅海的海水含鹽量大，水溫高，夏季表面的水溫可達32°C，部分近底層的水溫甚至能達到56°C。這些條件，正適合紅藻類生長。

　　其實紅海並非經常都是呈現紅色的，只是當海水中出現大量的紅色藻類，一大片一大片地漂在海面上漂動，海水自然就被映照成紅色了。

為什麼彩虹總是彎曲的呢？

　　假如彩虹出現在你的東邊，太陽則在西邊。白色的陽光穿透大氣，向東經過了你的頭頂。當一道光束碰到水滴，會有兩種可能：一是光直接穿透過去，或者更有趣的是，光線碰到水滴的前緣，在進入水滴內部時產生彎曲，接著從水滴後端反射回來，再從水滴前端離開，

往我們的方向折射出來，就形成彩虹的七彩光芒。

而彩虹呈現弧形，與地球的形狀也有很大的關係。由於地球表面本來就是弧形，而且還被厚厚的大氣所覆蓋，雨後空氣中的含水量比平時高，陽光照射空氣中的小水滴，折射出七彩。

又由於地球表面的大氣層本來就依著地球形狀呈現弧形，所以陽光在大氣表面折射，也會形成弧形。所以，天邊的彩虹就是彎彎的形狀囉。

運氣真好

一個騎自行車的人撞倒了一個行人。

「您的運氣真好啊！」騎車人安慰被撞的。

「你也不覺得不好意思！難道你沒看到，我的腿被你撞傷了嗎？」

「不管怎麼說，您的運氣真的不錯！今天我休假，不然我平時是開大卡車的。」

黑海是因為海水是黑色而得名的嗎？

黑海位於歐洲東南部和小亞細亞之間。首先使用黑海這個名稱的，是居住在黑海南岸的希臘人、波斯人、土耳其人。他們在習俗上經常以不同顏色代表東、南、西、北；黃色為東，紅色為南，藍色或綠色為西，黑色為北。

由於黑海位於希臘、波斯、土耳其的北部，所以人們就稱其為黑海。

寒潮就是寒流嗎？

這個問題可以分兩方面談。

在氣象學上，寒潮的確又被稱為寒流，專指天氣活動的過程，它有時間性，只發生在特定季節。

另一方面，就海洋動力學的範疇而言，寒流指的是海洋表層大規模的定向海水運動。又被稱為洋流。

為什麼河流總是彎彎曲曲的？

世界各地大小河流，自古以來就哺育著人們。自然形成的河流總是彎彎曲曲地從高處向低處流淌，這是為什麼呢？

每條大河都是由一條主流和若干支流所組成，支流同時又由許多更小的水流組成。在流動的過程中，它們不斷地接納地面水和地下水。不管是主流還是支流乃至

更小的水流，在流動的過程中，速度並非左右兩邊完全一致，加上有的河岸地質容易被水沖蝕，有的河岸則比較堅固。在眾多因素影響之下，河流流經的河道，就變得彎彎曲曲的了。

「佛光」是四川峨眉山的四大大奇景之一，又稱峨眉寶光，佛家稱其為普賢菩薩眉宇間放出的光芒。

在秋冬之際，雨後天晴、有雲無風的下午來到金頂前，只要背對陽光，就有可能在雲海上看到一個巨大的七彩光環，形狀就像寺廟裡佛陀畫像頭上的寶光一樣。更加奇妙的是，光環當中的人影跟自己一模一樣，你向他招手，他也向你招手，你向他點頭，他也向你點頭。

實際上，佛光是陽光照在雲霧表面所起的衍射和漫射作用所形成的自然現象。在夏天和初冬的午後，金頂下的雲層中驟然幻化出紅、橙、黃、綠、藍、靛、紫的七色光環，無數人登峨眉山，就是為了一睹佛光的美麗風景。

46 拉薩為什麼又有「日光城」之稱？

　　拉薩位於青藏高原，是西藏的首府，海拔3,600多公尺。

　　這裡日照時間長，陽光強烈，素有「日光城」的美譽。每年平均日照總時數達3,005小時，平均每天8個多小時的日照時間，比起同緯度的地區幾乎多了一半。

47 為什麼說「高處不勝寒」？

　　唐代大詩人白居易有詩云：「人間四月芳菲盡，山寺桃花始盛開。」意思是說，在四月份時，平地上的花兒早已凋謝，而高山寺廟旁的桃花卻才剛剛盛開。為什麼高山與平地上的景物會出現這樣的差異呢？這是由於氣溫隨海拔高度增加而降低的關係，使得山上的季節變化比平地來得慢一些。

一般來說，海拔每上升100公尺，氣溫就會下降0.6^0C。距離地面十幾公里範圍內的這層空氣，通常不會直接吸收到太陽的光和熱，其熱量主要來自被太陽曬熱的地表。

所以，越接近地表的空氣，得到的熱量就越多，氣溫也越高；所以山稜的海拔高度越高，氣溫就越低。

登山愛好者都知道，在上山前要多帶些衣服，因為登上山頂之後，氣溫比平地要低得多。

哈哈笑

面　談

Jack到一家酒吧應徵警衛。酒吧的經理問他：「你有沒有經驗？」

「當然！」Jack就環視四周。看到一個醉醺醺的酒客走過。馬上把他抓過來。隨之一腳將他踢出門外。然後。得意洋洋地問經理：「那請問我現在能不能見總經理了？」

「那你恐怕要稍等他一下了。因為。他剛才被你踢出去了。」

Trivia 48 香格里拉是什麼意思？

　　香格里拉在現代詞彙中是「伊甸園、理想國、世外桃源、烏托邦」的代名詞。實際上，香格里拉源於藏經中的香巴拉王國，在藏傳佛教的發展史上，一直被視為是淨王的最高境界。

　　據藏經記載，它隱藏在青藏高原深處的某個隱祕地方，整個王國被雙層雪山環抱，由八個呈蓮花瓣狀的區域組成，中央聳立的同環雪山稱為卡拉巴王宮，宮內居住著香巴拉王國的最高領袖。

　　傳說，香格里拉中生活著具有最高智慧的聖人，他們身材高大，擁有自然力量，至今仍從人們看不到的地方，以其高度發達的文明，透過一條名為「地之肚臍」的隱祕通道與世界進行聯繫，並牢牢地控制著世界。長期以來，這條「地之肚臍」一直就是到達香格里拉王國的唯一途徑，因而成為尋找香格里拉的關鍵。

　　在藏傳佛教浩繁的經文中，我們依稀推論它是一個雪山、冰川、峽谷、森林、草甸、湖泊、金礦及純淨空氣的薈萃地，是美、明朗、安然、閒逸、知足、寧靜、和諧等一切人類美好理想的歸宿，那裡沒有貧窮、沒有困苦、沒有疾病、沒有仇恨與死亡，只有花常開水常綠，

莊稼總在等待收割，甜蜜的果子總掛在枝頭。

正因為如此，香格里拉的傳說才像謎一樣吸引著千千萬萬的信徒香客，也吸引著西方世界的探險家。

Trivia 49　凡是鳥類都有翅膀嗎？

是的，凡是鳥類都有翅膀。

翅膀是鳥類的基本特徵之一，只不過不同種類的鳥兒其翅膀的功能不同而已。有的鳥兒翅膀非常發達，可以支援長時間的高空飛行，比如：老鷹和一種常年生活在青藏高原附近的大雁就是如此。而有的鳥類翅膀明顯退化，因為牠們的身體機能和習性對飛翔的要求不高，甚至根本無法滿足飛翔的條件，比如：鴕鳥和鴯鶓（現存世上除了鴕鳥以外最大的鳥類，只生長在澳洲）。

姓名		性別	□男 □女
生日	年　　　　　月　　　　　日	年齡	

住宅
地址　郵遞區號□□□
＿＿＿＿＿＿＿＿＿＿＿＿＿＿＿＿＿＿＿＿＿＿＿＿＿＿＿＿＿＿＿＿＿

行動電話		E-mail	

學歷

□國小　　　□國中　　　□高中、高職　　　□專科、大學以上　　　□其他＿＿＿＿

職業

□學生　　□軍　　□公　　□教　　□工　　□商　　□金融業
□資訊業　□服務業　□傳播業　□出版業　□自由業　□其他＿＿＿＿

謝謝您購買　好冷好冷的知識生活大百科：為什麼北極沒有企鵝？　與我們一起分享讀完本書後的心得。務必留下您的基本資料及電子信箱，使用我們準備的免郵回函寄回，我們每月將抽出一百名回函讀者，寄出精美禮物以及享有生日當月購書優惠！想知道更多更即時的消息，歡迎加入"永續圖書粉絲團"
您也可以使用以下傳真電話或是掃描圖檔寄回本公司電子信箱，謝謝！

傳真電話：（02）8647-3660　　電子信箱：yungjiuh@ms45.hinet.net

●請針對下列各項目為本書打分數，由高至低5～1分。

　　　　　　　5 4 3 2 1　　　　　　　　　　　　5 4 3 2 1
1.內容題材　□□□□□　　2.編排設計　□□□□□
3.封面設計　□□□□□　　4.文字品質　□□□□□
5.圖片品質　□□□□□　　6.裝訂印刷　□□□□□

●您購買此書的地點及店名＿＿＿＿＿＿＿＿＿＿＿＿＿＿＿＿＿＿＿＿＿＿＿

●您為何會購買本書？
□被文案吸引　　□喜歡封面設計　　　□親友推薦　　　□喜歡作者
□網站介紹　　　□其他＿＿＿＿＿＿＿＿＿＿＿＿＿＿＿＿＿＿＿＿＿

●您認為什麼因素會影響您購買書籍的慾望？
□價格，並且合理定價是＿＿＿＿＿＿＿　　□內容文字有足夠吸引力
□作者的知名度　　　□是否為暢銷書籍　　　□封面設計、插、漫畫

●請寫下您對編輯部的期望及建議：

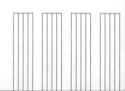